同調圧力に
抗する方法論

希望の国の少数異見

森達也

企画協力・討議 今野哲男

言視舎

まえがき

二〇一五年夏、一通の手紙が自宅に届いた。差出人は浄土真宗大谷派の僧侶である佐々木正。読み終えてから、僕はしばらく考え込んだ。

一九九八年、テレビ・ディレクターだった僕は、映画としてのデビュー作『A』を発表した。ただし興行は苦戦した。もちろんドキュメンタリー映画は、華やかな劇映画とは似て非なるものだ。連日満員御礼など期待もしていなかったけれど、その予想以上に、客は来てくれなかった。

理由の一つは、「これはオウムが出資したPR映画だ」とか「監督はオウムの幹部らしい」などの風聞だ。そして何よりも（本文で今野哲男が指摘した）アパシー的なオウムへの嫌悪。言葉にすれば、「なぜわざわざ時間と金を使ってオウムのドキュメンタリー映画など観なければならないのか」との感覚だろう。

多くのドキュメンタリー映画は市民運動と親和性が高いので、劇場公開時よりも、そのあとの上映会活動のほうが多くの観客を動員する。でも『A』はその恩恵も受けなかった。だってオウムは市民に牙を剝いた存在なのだ。上映会の依頼はほとんどない。あるいは途中で消える。奈良県の市民サークルから上映会を打診されたときは、日程が決まってから「自治体から会場の提供を断られた」との理由で企画が立ち消えになった。

とにかく四面楚歌。でもそんなとき、浄土真宗本願寺派の僧侶から、築地本願寺で上映会をやりたいとの依頼が来た。

書くまでもないが、築地本願寺の最寄り駅である日比谷線築地駅は、地下鉄サリン事件で多くの犠牲者が発生しているし、徒歩五分の位置には被害者の多くが緊急搬送された聖路加病院がある。何よりも既成宗教はオウムについて沈黙していた時期だ。無理じゃないかと思った。でも（紆余曲折はあったけれど）築地本願寺の大ホールで上映会は行なわれた。

ここから僕と浄土真宗との付き合いが始まる。その後に親鸞の思想に触れ、オウムや罪と罰などを考察するうえで、多くの重要な補助線を得たことは本文でたっぷりと触れている。

でも佐々木からの依頼は、親鸞ではなく法然についての寄稿だった。不思議だった。なぜ浄土真宗の僧侶である佐々木が、親鸞ではなく法然なのか。その理由を知りたくて依頼に応じた。そして佐々木から送られてくる法然の資料を読みながら、やがて納得した。きっとあなたも、親鸞の陰に隠れてしまった偉大な宗教者の思想の断片に、本文で触れることができると思う。

そして書籍化の際には、手を引いたり背中を押したりしてくれた杉山尚次と今野にも感謝。一人ではこの本はできなかった。いろんな縁があって今がある。それをまさしく実感している。

目次

INTRODUCTION

問題提起——

近代の「底」が抜けたのではないか

森達也／今野哲男（企画協力・フリーライター）／杉山尚次（言視舎・編集部）

●**杉山**　この本の中核には、森達也さんが「法然の言葉」に触発されて書かれた現在の日本社会論・情況論があります。それをＰＡＲＴ１としたいのですが、それに続くＰＡＲＴ２の討議では、ＰＡＲＴ１を拡張させたり、深掘りしていけたらと思っています。いろいろ論点を導き出していきたいのですが、その前段としてこのイントロでは、少し問題提起をいたします。

ひとつは、いまわれわれが目にしているのは「近代の底が抜けた」世界ではないか、という仮説です。この仮説は、最近弊社で刊行しました澤野雅樹さんの『起死回生の読書！』という本をヒントに考えました。この本は文字通り読書論なんですが、文明論にもなっていて、「本が読まれなくなる」という事態を人口問題や、人間の知性そのものにかかわってくる問題として考えます。そのなかで、読書というのは孤独になる行為だと述べられています。逆に言うと、本を読まずスマホやパソコンでだれかと絶えずつながっていたがるということは、孤独になることを恐怖し、個になることを拒否している、ということになります。つまり「個人」の否定です。これは図らずも、近代が達成してきたことの否定ではないでしょうか。

澤野さんは、ここから近代そのもののような「啓蒙」とか「科学」とか「公」といった概念をもう一度見直し、新たな意味づけをしていくのですが、それはおくとして、「図らずも、近代の否定」ということを敷衍してみます。

▼図らずも

書籍の話をしますと、二十年くらい前は著者の住所を本の奥付に載せていたことがわりとあったんです。みなさん感想をどうぞということですね。でも電話番号は入れてなかった。電話番号がプライバシーの度合いが一番高かったわけです。それがいま、住所を載せたりしたら大変なことになります。検索するとほとんどの住所もわかるし、まわりの様子もわかってしまうので、丸裸になっちゃう。こういう意味でのプライバシーって、ほとんどないと考えたほうがいいのではないか、と思うわけです。

これはいわゆる「個人情報」の問題にかかわってきて、それにまつわる喜劇的な事態はいろいろあるようですが（子どもの運動会で写真が撮れないとか）、それは他の機会にしましょう。プライバシーが「図らずも」なくなってしまったというのは、モダンの底が抜けて村落共同体のメンタリティに戻るというか、そういうことなんじゃないか、という気がするんですね。

それからSNSについても、「ハイテク機器を駆使して維持されている」「前近代的な井戸端会議」（前掲書、二〇頁）と澤野さんはいっています。ここでも相互監視のシステムが「図らずも」

できてしまっているような気がしてなりません。

▼『コンビニ人間』と『逃げ恥じ』

また、ちょっと視点を変えると、二〇一六年、一番話題になった『コンビニ人間』（村田沙耶香）という芥川賞をとった小説があります。これはコンビニに自分の居場所を見つけるという物語だと思います。軽口をたたくと、居場所の見つけ方がコンビニじゃなくても、たとえば大工の仕事でもなんでも成り立つ構造ではないかということもありますが、おもしろいと思ったのは、好きでもない男と同棲するところです。どうしようもない男と一緒に住む。当然セックスはしないし、一般的な同棲とか結婚とかとは全然違うように描かれているのです。

もうひとつ、これも二〇一六年最大の話題ドラマ『逃げるは恥だが役に立つ』です。これもなんてことはないラブコメディですが、そこでポンと出てきたテーマが契約結婚です。家事の手伝いで来ていた子と、お互いに気に入ったから結婚したということにして、契約結婚します。雇用主と労働者という役割で家事をやってくださいということで、結婚生活、同棲生活をはじめるわけですね。最後はフツーの結婚にいたるのですが、そこでも性愛のない男女の同居が描かれていました。その契約結婚にシンパシーを感じる若い人達が多いということを、ＮＨＫの番組が特集していたことがあって、妙にシンクロしている感じがするのです。

ここでは、近代の、近代だけではないかもしれませんけれど、近代的な夫婦像・家庭像というのが壊れてしまっている。これは子どもが増えないという話にもつながると思うし、近代が達成してきたもの、ふつうに社会の基礎となるような制度や暗黙の考え方が、かなりあやしくなっている事態が、どんどん起こっているということですね。

そしてトランプ問題です。ごくごく常識的に考えてトランプ大統領はイスラム教徒を差別したり、あるいはメキシコ人を差別したりしているわけですね。そういう言動は恥ずかしいことだし、そういうことをすると社会じたいが成り立たなくなるということは、だれでもわかっているはずです。それが大統領に選ばれてしまう。これは文字どおりショックです。これはヘイトスピーチでも同様です。

こうした現象をひとことで言うと「近代の底が抜けた」といえるのではないかという感じが最近しておりまして、この仮説を提案します。

それから、少々強引に言いますと、そのひとつの解決策というか、少なくとも考えるヒントとして法然の言葉があるような気がするんです。法然の言葉や考え方を活用していくと、「希望」が見いだせないだろうかということです。とにかく閉塞感が強くなっていますし、嘘でもいいから「希望」の原理を提案できたらと思っています。

さらに蛇足気味に付け加えます。「二〇二〇年問題」というものが存在するのではいないか、ということです。つまりいま、東京オリンピックが開かれる「二〇二〇年」がいやに強調されているのが気になるのです。「二〇二〇年」が目標であり、希望であり、それが打ち出の小槌のようにすべてを解決してくれるようなイメージができていないでしょうか。すると「それ以後の世界」を考えてみることもアリかな、と思った次第です。

▼集団化と欲望

●森　杉山さんが「底が抜けた」と形容する状況を違う言葉で説明すれば、「集団化」という現象が世界規模で起きていると見做すことができます。つまり群れですね。大きな災害や事件が起きたとき、人は一人が怖くなって群れの一員になりたくなる。例えば東日本大震災後には、「絆」が流行語大賞に選ばれました。決して悪いことではない。群れることを選択したホモサピエンスの本能です。ただし集団化の弊害は大きい。同調圧力が強まるからです。全体の動きに合わせたいとの気持ちが強くなるから、孤独に耐える力が弱くなった。だからスマホなどで常に繋がっていないと不安で仕方がない。そして個々の集団化の進行は、個々の分断化の加速と同義です。つまり差別や排斥が激しくなる。

アメリカ・ファーストを唱えながら内外の差別を加速させる大統領令を連発するトランプに対して、各国首脳が強い批判を向けているのに、安倍首相は「コメントする立場にない」と国会で発言しました。どこまでアメリカ従属なのかと本当にあきれるけれど、でも例えば移民や難民問題に関していえば、確かにこの国はコメントできるような立場にはないですね。ヘイトスピーチやアジアへの蔑視感情も含めて、トランプ的な空気は、あるいはトランプ的な統治体制は、もうずっと前からこの国を覆っていたと見ることができる。

もう一つのキーワードは経済です。強いドイツの復活を謳ったヒトラーは、アウトバーンを国中に敷きつめ、フォルクスワーゲンで国民一人一人が車を持つ時代になると宣言し、労働者から熱狂的に支持された。日本を再起動させるとのスローガンを呈示した安倍首相は、アベノミクスを一貫して大義に使っている。もちろんアメリカ・ファーストを謳うトランプも同様です。つまり理念よりも日常。優先するのは世界の平和や秩序よりも国益と自分の益。ポリティカル・コレクトネスが体現する建前ではなく本音。

本音とは何か。欲望です。これを剝きだしにすれば、集団同士で揉めることは当たり前です。それを回避するために、世界は何百年もかけて、近代国家の礎を築いてきた。理性や理念を掲げてきた。民主主義を成熟させてきた。それが脆くも崩れ始めている。

ただし今のこの状況が、理念や理想を実現するためのロードマップにおけるガス抜き的な現象なのか、あるいは本格的な退行なのか、その見極めは僕にもまだわかりません。一つだけ言えることは、集団や組織ととても相性が良いこの国は、世界のこの動きに最も強く影響を受ける可能性が高いことです。個が強い欧米がぎりぎりで復元したときに、この国は取り残されているかもしれない。

▼嘘でもいいから「希望」を語る法

●今野　「底が抜けた」という言い方が、妙に腑に落ちました。

ギリシアの「パンドラの箱」の神話に、「フタを開けて」あらゆる厄災が飛び出した後に箱の底に残っていたものがある、それは「希望」だったという、よくできた「落ち」のような話があるそうです。厳しい現実を直視しても希望は残る、人生捨てたもんじゃないと、明るく解釈したいところですが、いまは簡単にそう言うことはできないと、多くの人が思っているのではないでしょうか。

誰かが「フタを開けた」のでも「底を抜いた」のでもなく、底が抜けて自ずから出現した厄災ですから、それこそ「身もフタもなく」言ってしまえば、近代的な意味での希望など、もうないような気もする。このギリシア神話のポイントを、「開ける」というパンドラの能動的な意志があったからこそ希望も見つかったんだと、やや近代的に捻って考えてみるとしたら、いまの状態は、ちっぽけなわれわれの意志とは無関係に、勝手に底が抜けちゃったという感じがしますから、希望なんて始めからないということなのかも知れません。むしろ厄災こそが希望だと、アナーキーに逆転させた見方をしたほうが深いところで時代の気分に見合うような気がします。

たとえば、ぼくは安倍内閣の「成長戦略」という発想に、希望どころか、アナクロニズムと言ってもいいある種の古臭さを感じるのですが、そう感じるのは、グローバリズムなり新自由主義なり、本来オートマチックで制御不能な脱・近代的な流れに乗っている当のご本人が、個人の内部では依然として、その流れに抗う自分の前・近代的な主体を信じて怪しまずにいる鈍さに、異和と不信を感じるからだと思います。彼が得意げに主張する「駆けつけ警護」や「積極的平和主義」などもそうです。ああいう言葉を聞くと、どうしても「大本営」とか「大東亜共栄圏」とか、あるいは「五族協和」といった、歴史の中で汚れざるを得なかった言葉に宿っている大時代的な姑息さを思い出すのだけど、バブル期の崩壊からもう四半世紀になるというのに、政治の世界であああいう広告代理店的な言い換えがいまだに通用すると考えているのかと思うと、何ともやり切れません。内閣総理大臣が「わたしは立法府の長」と言うなんて、脱・近代どころか近代にさえ及ばない、歴史を無化する言説なわけで、聞いたときには呆れて笑っちゃいましたけど、ほんとは笑っていられる場合ではないですよね。今は、その意味でも底が抜けている。

▼近代的な国民国家の〝鬼っ子〟

底が抜けて出てきた厄災には、おそらくは、杉山さんがおっしゃった『コンビニ人間』や『逃げ恥じ』的なことも含めて、大から小まで、身の回りのあらゆる場所に溢れかえっている感じですが、視線を少し高くして、多少俯瞰的な話に持っていくと、世界的な厄災とされているものの一つに、このところあまり話題にされませんが、たとえば「イスラム国」という現象があるでしょう。ぼくは「イスラム国」について知るところはほとんどないのですが、国土と国境を保持し、構成員としての国民を抱え、法の支配を通じて相互に尊重しながら管理するという、いわゆる「想像の共同体」を基礎に置く近代的な国民国家観では、説明しきれないということはわかります。そもそも、宗教が世俗化せずに近代以前に劣らぬ力を保ち、ある意味、国民国家とまったく別の経路で大きくなったことに力の源泉があるわけでしょうし。

でも、彼らのネットの利用戦略や代理店の仕業かと見まがうような広報戦略には、技術的にも精神的にも極めて洗練された能力を持っているかのような印象があります。使い方にしても、近代的な意識に囚われた先進国家のやや及び腰の残った慎重な姿勢と比べると、目的と手段と達成する効果の効率的なアマルガムという点では、スマートと言っていいくらいにストレートです。つまり、総じて近代国家の反転した写し絵のような、近代西欧文明の〝鬼っ子〟という側面があって、それが前近代的な古さを残した統治システムの上に乗っかっている。だから、斬首刑や奴隷の扱い、それに女性の差別なども、西欧的な文脈の中で断罪すれば終わりというわけではなくて、その枠のなかで解く努力もしないといけない。解けばその過程で、希望とは言わないにしても、先進の古びた上部構造を持つ国民国家群が、自らが作り出したとも言えるイスラム国に、己のネガとして参照すべきことがたくさん見えてくるはずです。と言うより、ここでサイクス・ピコ協定（第一次世界大戦中の一九一六年にイギリス、フランス、ロシアの間で結ばれたオスマン帝国領／イスラム圏の分割を約した秘密協定。イギリスの中東専門家マーク・サイクスとフランスの外交官フランソワ・ジョルジュ＝ピコによって原案が作成された）を持ち出しても仕方ないですが、過去に学ぶ歴史的な責任はありますからね。ただ、近視眼的に敵対視して、叩き壊したら終わりになる問題ではありませんし、そんなことをしたら、必ず我が身に報いが戻ってくるだけだと思います。

というように、いまは近代的なものだけではなくて、脱・近代的な厄災や、それから前・近代的な厄災が、歪んだ歴史の時間軸のなかで、パンドラの箱の中のように奔放に混在している感じでしょう。それを一つの因果律で説明しよう、近代的な理性の枠組みだけで対処しようと思ったって、そうは問屋が卸さない。

そこで、法然が何かのヒントになるのかどうか。これについては、たとえば専修念仏というものを、古い言葉で言えば、近代的な主体を脱構築するものとして上手くとらえることができれば、断片的にならとりあえず何かが見えてくるかもしれないと、勘のような思いがあります。ですから、森さんや杉山さんと話すうちに、少しでも考えを進める端緒が見つかればいいと思っています。

それと「嘘でもいいから『希望』の原理を」の「嘘でもいいから」という言葉には元気が出ました（笑）。嘘が持つ力については、森さんの『ドキュメンタリーは嘘をつく』（草思社、二〇〇五年）というぼくの大好きな名著もあることですし、想像力の問題に絡めて、是非考えてみたいです。

二〇二〇年問題に関しては、ある目的を設定して、その達成方法を合理的、技術的にリファインしていく、そういったエンジニアリング的で近代的な発想が、どん詰まりまできたところに生じた問題として考えたいし、そこから「近代の底が抜けた」こととの兼ね合いを追っていければと思います。とりあえず、そんなところで。

PART 1
オウム以降の日本の姿と
法然によるヒント

法然語録①現代語訳（佐々木正）

選択集・難易についての文

念仏は、誰もが可能な「易しい行ない（易行）」であるために、すべての人に開かれています。念仏以外の方法は「難しい行ない（難行）」であるために、誰もが出来るわけではありません。だからこそ阿弥陀仏は、一切の人々を等しく助けたいとの願いにより、難行を捨てて易行を選び、「衆生救済の本願」とされたのではないでしょうか。

もしも仏像を造り寺院建立を本願の行（行為）と定めれば、貧しい人々は往生（救済）の望みが絶たれます。けれども世の中には、裕福な人はわずかで、貧しい人々であふれています。もしも知恵才覚を本願の対象と見なすならば、愚かな者は往生の望みが絶たれます。けれども知恵ある者はわずかで、愚痴無智の人で満ちています。もしも学者や知識人を本願の対象と見なせば、物を知らない人は救いから漏れるのです。しかし学問や知識のない人が、ほとんどすべてを占めています。もしも戒律を守る人が本願の救いにあずかるのであれば、破戒無戒の人はまちがいなく、往生の望みを絶たれます。けれども誰もみな、生活のためにやむなく、破戒の日々を送っているのです。それ以外のいずれの行（方法）も、おしなべて「難しい行ない（難行）」であることは、言うまでもないことです。

いま申し上げたことでわかるはずです。これらの「難行」を、救いの対象となる行と見なせば、往生できる人はわずかで、往生できない人々であふれ返ります。だからこそ阿弥陀仏は、まだ修行中の（法蔵）菩薩の時代に、「平等の慈悲（すべてを平等に救おうと願う慈悲心）」に促されて、一切の人々をあまねく救済しようと願って、仏像を造り寺院を建立するなどの難行を、救済のための本願に選びませんでした。ただ一つ、「我が名を称える」という、誰もが出来る「易しい行ない（念仏）」をこそ、本願の行であると決定したのです。

語録を読む①

オウム以降の日本の姿と法然・親鸞の言葉

森達也

一九九五年一月、僕はニュースステーション（テレビ朝日）の仕事で、ストックホルムに滞在していた。一週間ほどの取材を終えてからベルリンに飛んだ。到着して数日後の早朝、ドイツの撮影スタッフがホテルの部屋のドアを強くノックした。手には印刷されたばかりの新聞を持っている。その一面には崩壊した日本の都市の空撮写真。見出しにＫＯＢＥの文字があったと記憶している。

「日本で大きな地震があったらしい」

彼は英語で言った。とても真剣な表情で。「おまえの家族は大丈夫か」

家族は関西にはいないと答えながら、僕はその写真から目を離すことができなかった。街は壊滅していた。まるで核兵器でも落とされたかのように。ゴジラが大暴れしたかのように。悪夢が焼き付けられたような写真だった。

それから数日後に帰国して映像の編集作業も終えたけれど、震災報道が優先してオンエアの目途は立たない。三月に入ってようやくオンエアの日程が決まったとき、今度は地下鉄サリン事件が起きて、ストックホルムとベルリンの取材の放送は無期限延期になった。

▼今のオウムに本質はない

これが今から二十年前。この後に僕は、オウムについてのドキュメンタリー番組をフジテレビで企画するが、オウムを絶対悪として強調することを条件にする制作会社上層部と撮影をめぐって合意することができなくなり、最終的には指示に従わないとの理由で解雇され、撮りかけたその作品はドキュメンタリー映画『A』として一九九八年に公開された。

さらに二〇〇一年には、オウムがアレフに変わる過程の信者たちを記録する『A2』を発表した。『A』も『A2』も多くの海外の映画祭から招待された。でも国内の動員は伸びなかった。観たら洗脳されるらしいなどの噂は何度も耳にした。DVD化も大幅に遅れた。危険な映画との認識は、今もあまり変わっていない。でも地下鉄サリン事件から二十年(ということは戦後七十年でもあるのだが)の今年二〇一五年は、時おりメディアからコメントを求められた。大阪朝日放送のディレクターからは、「番組に出演してもらえないか」との内容のメールが届いた。そこには番組で触れるポイントについて、以下のように記述されていた。

←現在のオウム真理教

オウムは今どうなっている？
オウム分派の動向「アレフ」「ひかりの輪」
新規信者が増えている要因は？　勧誘方法
裁判の進展状況
←過去のオウム真理教　事件振り返り
地下鉄サリン事件
なぜ、麻原はサリンをまいたのか？
坂本弁護士一家殺害事件
事件が残した教訓は？
←森達也氏がみたオウム真理教
オウム信者の印象

このメールに対して、僕は「現在のオウム（アレフとひかりの輪）についてはわかりません。裁判の進展状況や現在の勧誘方法などについて詳しく訊きたいということであれば、別の方に打診したほうがいいように思います」と返信した。

それから数日後、「企画自体が消えた」との内容の返信がディレクターから届いた。僕の素気ない対応が理由なら申し訳ないことをしたと少しだけ思う。でもここは譲れない。今のオウム

（アレフとひかりの輪）について語る意味はあまりない。

現況を取材しようと思えば、それは別に難しいことではない。ひかりの輪の代表の上祐史浩とは時おり会う。アレフを実質的に統括していると一部で言われている（僕はそれは違うと思うけれど）荒木浩とは、もっと頻繁に会う。昨年十月に京都の映画館で『A』の特別上映が行なわれたとき、荒木も観客の中にいた。上映終了後は打ち上げの席にも来て、いつものように氷を入れないウーロン茶を飲みながら（つまみは一切食べない）、にこにこと多くの人の質問に答えていた。

だから取材はいつでもできる。でもその気にはなれない。意味をまったく感じない。地下鉄サリン事件二十年を迎え、特に（地下鉄サリン事件が発生した）三月二十日前後は、オウムについての番組や記事が多少は増えたが、メディアの視点が現在進行形であるかぎり、そのほとんどには見たり読んだりする価値はないと僕は断言する。

なぜなら今のオウムに本質はない。

▼公安調査庁のレゾンデートル

二〇一四年十二月一日に公安調査庁は、この一月末に期限が切れる「アレフ」と「ひかりの輪」に対する団体規制法に基づく観察処分の更新を、公安審査委員会に請求した。つまりオウム（アレフとひかりの輪）は今も反社会的な存在で危険であるとの宣告だ。当日のヨミウリ・オンラインの記事を以下に引用する。見出しは「「オウム」拡大傾向…保有資産6億5千万円」。

公安調査庁は1日、3年間の更新を求める請求書を公安審査委員会に提出した。請求書では、教団資産が約6億5000万円に膨らみ、構成員も増加していると指摘。教祖の松本智津夫死刑囚（59）に「依然として深く帰依している」と危険性を主張した。公安審は教団側の意見を聞き、来年1月中に結論を出す予定で、請求が認められれば5回目の更新となる。
（中略）教団は現在、主流派の「Aleph（アレフ）」と、上祐史浩氏（51）が代表を務める「ひかりの輪」に分かれて活動している。同庁によると、拠点施設は国内15都道府県に計32か所。構成員は国内約1650人（うちアレフが約1450人）、ロシア約160人で、3年前の更新請求時より国内で約150人、ロシアで約20人増加した。
（中略）現預金などの保有資産は計約6億5000万円で、00年の約3800万円から約17倍にも膨らんだ。構成員からの布施やセミナー参加費を主な収入源とし、ここ数年は毎年約8000万円のペースで資産を増やしているという。

信者数と資金は急激に増加しているし、何よりもかつての教祖である麻原に対しては「依然として深く帰依している」と公安調査庁は断定する。だから二つの団体の危険性はさらに増幅しており、観察処分を続けるべきだとの趣旨を展開している。

この二年前の一二年末、二〇一二年度における新規入信者数は、二〇〇〇年以降最多の二五五人に上ると公安調査庁は公表している。このときもこの数字を根拠に多くのメディアが、（今年と同様に）危険性を強調した。引用した読売の記事のデータと照合してほしい。二〇一二年の一年間だけで二五五人増えているはずなのに、その後の二年間を入れた三年間で増えたのは、ロシアを入れても一七〇人しかいない。明らかに計算が合わない。八五人はどこに消えたのだろう。

ここには、いろいろトリックがある。一つだけ挙げる。公安調査庁が公表する数字は確かに増えた信者の数だが、脱会した信者の数を彼らは公表しない。実のところこの数年、アレフと光の輪に入会した信者数よりも、脱会した信者の数のほうが多い。つまり全体の数としては、増加どころか微減している。

一九五二年に施行された破壊活動防止法に基づいて、国家の治安・安全保障における脅威に関する情報を収集・分析する情報機関として公安調査庁は設立された。当初の監視の対象は日本共産党であり、その後は新左翼系のセクトなども対象団体になった。しかし冷戦終結後に存在意味を失い、リストラも漸次進行し、サリン事件が起きる直前には解体の声もあった。その公安調査庁にとってオウムは、まさしく生き延びるための糧となった。当時の職員から、地下鉄サリン事件が起きた日の庁内の異常な高揚について聞いたことがある（ほとんど万歳三唱の雰囲気だったという）。つまりオウムの危険性を煽り続けることが、今の彼らにとってのレゾンデートルなのだ。

だからこそ増えた数は発表しても減った数は発表しない。本来ならメディアが、このデータは不自然ではないかと（中学生にだってわかるはずだ）指摘するべきだ。でもメインストリームメディアからそんな指摘があったとの記憶はない。多くの記事や番組は、ほぼ公安調査庁のリリースそのままに報道している。

そもそも資金やメンバーが増えたから危険であるとの論理は、まずは相当に短絡していることに気づいてほしい。自民党の支持者や資金が増えたからといって危険だとは誰も思わない（まあ別の意味で危険かもしれないが）。アベノミクスの恩恵で大企業が収益アップして新規採用も大幅に増加したからといって（実は中小は泣いているが）、その企業が危険だから看視すべきだとは誰も発想しない。浄土真宗は日本一信者数が多い教団と言われているが、だから危険だと誰も発想しない。

観察処分を続けるべき理由。つまり彼らが今も危険であると認識する根拠の本質は、信者数や資金の増大にはない。彼らが麻原に対して「依然として深く帰依している」との前提が必要だ。だから麻原離れを公言するひかりの輪に対しても、公安調査庁は、それはまやかしであると否定する。

▼オウム事件は何も明らかにされていない

ならばここで考えなくてはならない。「麻原に今も帰依すること」の何が危険なのか。麻原とは何者なのか。どのようにして事件は起きたのか。自著『A3』の冒頭部分を引用する。

2004年2月27日、元オウム真理教の教祖である麻原彰晃被告に、東京地裁104号法廷で死刑判決が下された。

被告席に座る麻原は、時おり発作のように浮かぶ満面の笑みらしき表情も含めて、（重度の統合失調症の症状の一つである）同じ動作の反復を、最初から最後まで続けていた。頭を掻き、唇を尖らせ、何かをもごもごとつぶやいてから口の辺りに手をやり、それからくしゃりと顔全体を歪めるのだ。その表情は笑顔のようにも見えるし苦悶のようにも見える。順番や間隔は必ずしも規則的ではないし、頭ではなく顎や耳の後ろを掻く場合もあるけれど、基本的にはこれらの動作を、ずっと反復し続けている。

傍聴席の前から三列目の椅子に座りながら、僕は声を発することもできずにいた。もちろん不用意に声など発したら、即座に退廷を命じられるだろう。でもそれだけが理由ではない。仮にこれが法廷ではなく路上だったとしても、僕はやっぱり彼を凝視したまま、その場で動けずにいたはずだ。

このときは昼の休廷時に、地裁二階の司法記者クラブ前の通路で、旧知の読売の記者に声をかけられた。これまでに何十回も麻原法廷を傍聴している彼は、初めて傍聴する僕に、「午前と午後とでズボンが変わっていることなんてしょっちゅうですよ」と教えてくれた。つまり失禁だ。脱糞もあったという。喫煙室で会った他社の記者は（社名を思いだせない）、「どう見ても正常な状態とは思えないのだけど」と質問する僕に、「もうダメでしょうね」と即答した。詐病の可能性も否定した。そのレベルではないという。

そもそもこの時点まで麻原は（法廷であれだけ英語混じりの不規則発言を繰り返したのに）精神鑑定を一度も受けていない。とにかく異様な法廷だった。でも結果として一審で出された死刑判決が確定した。忘れている人は多いが、麻原法廷には二審も三審もない。戦後最大級の事件の首謀者とされる男の法廷は、一審だけで死刑が確定している。そして一審の最中に精神が混濁した麻原は、法廷ではほとんど意味ある発言をしていない。

つまり、オウム事件の根幹は、今に至るまで何も明らかにされていない。

犯人は捕まえたけれど動機がわからない。ならば不安や恐怖が燻り続けることは当然だ。その帰結として社会は変質する。それを一言にすれば「集団化」だ。不安や恐怖が燻り続けることで、人は一人でいることが怖くなる。多くの人と連帯したくなる。集団の一員としての実感を求め始める。

▼不安・恐怖にもとづく「集団化」

こうして形成された集団は同質性を求める過程で、集団内部の異質な存在を発見し、これを排除しようとする。要するに学校のいじめと構造は同じだ。それが社会全体で起きる。このときに最もわかりやすい標的は、社会の規範やルールにそむいた人、つまり犯罪者だ。だからこそ集団化が加速する過程で、危険な因子は社会から除去したいとの欲望が強く働き、厳罰化が進行する。さらに集団は全員で同じ動きをしたくなる。だから号令を発する強いリーダーが支持される。そして集団は集団の外部に、「共通の敵」を求めたくなる。

ここまでのメカニズムについては、9・11後のアメリカを考えればわかりやすい。実のところアメリカ人にとっての9・11は、日本人にとっての地下鉄サリン事件ときわめて近い。どちらも過激な宗教組織によってなされた犯行であり、多くの遺族の悲しみや憎しみがメディアを媒介にして国民レベルで共有された。多くのアメリカ人は自分たちがイスラム原理主義者に憎悪される理由がわからない。つまり動機が不明なのだ。だからこそアメリカは9・11以降、不安や恐怖を強く喚起され、集団化が加速した。

9・11直後には愛国者法を施行して、国内のイスラム教徒やリベラリストを非国民として攻撃し（ノーム・チョムスキーやスーザン・ソンタグなどはその象徴だ）、アルカイダへの報復を訴えるブッシュの支持率は急上昇した。

アフガニスタンとイラクをアメリカと自由社会への敵に設定したブッシュ政権は、国民の強い支持に背中を押されながら、自衛を大義に先制攻撃を仕掛けてこれを殲滅する。イラク侵攻の大義が捏造されたものであることは、ここに書くまでもないだろう。

もう一度書く。不安や恐怖を理由に集団化が加速する。集団内の異物（要するに少数派）への差別や排除の意識が強くなる。強くてマッチョな政治家を求め始める。そして集団（国家）の外に仮想敵を設定する。この構造はまさしく、オウム以降の日本の姿そのものでもある。

▼『A3』のテーマ

だから考えねばならない。なぜオウムはサリンを撒いたのか。言い換えれば、なぜ麻原はそれを指示したのか。これが『A3』のテーマだ。ここにその詳細を書くだけの紙幅はないが、まずは同じような集団化が、地下鉄サリン事件直前のオウムの中でも起きていたと考えてほしい。メカニズムとしてはこれで三分の一。残りの三分の一は信仰が持つ負のダイナミズムだ。その人のために殺生する。殺してあげる。近代社会においてはありえない発想だが、信仰の地平では、このレトリックが整合性を与えられることは奇異な現象ではない。

信仰が戦争や虐殺と相性がいいことは、歴史を俯瞰すれば明らかだ。神の名を口にしながら多くの人が多くの人を殺してきた。凶暴や冷血だからではない。信仰は死と生を転換する。だからこそ時として死が価値を持つ。これは宗教の本質であり、これ以上ないほどに危険な要素でもある。地下鉄サリン事件が起きたときに多くの識者がテレビなどで、「人を殺すなど宗教ではない」などと発言していたが、とても浅薄な見解だ。

この二つを合わせて三分の二。残りの三分の一は何か。要素の一つは麻原が盲目状態で、通常のメディア（新聞やテレビ、もちろんネットも含めて）を利用できなかったこと。だからこそ側近たちが彼のメディアになった。そこで競争原理が働く。麻原が強く反応する情報ばかりが加工されて麻原に届く。この時期に多くの側近が、米軍や自衛隊がオウムを攻撃しようとしているなどと麻原に報告をあげていた。麻原が強く反応するからだ。過激で危機的な情報を伝えれば伝えるほど、その側近の覚えがめでたくなる。

つまりメディアの市場原理だ。こうして麻原の危機意識が増大する。やらねばやられるとの自衛の論理が立ち上がる。『A3』を書くときには、拘置所に通って、麻原の側近たちに何度も会い、手紙の交換も続けた。広瀬健一、林泰男、早川紀代秀、岡崎（現在は宮前）一明、新実智光、中川智正。すべてその後に死刑が確定し、もう会うことはできない。麻原も側近たちの意向を気にしていたとの情報もあった。指示する側とされる側の相互作用だ。その空しいエリアに妄想が増殖する。

大阪朝日放送のディレクターには、『A3』は読んでくれていますかと返信に書き添えている。でもこの質問に対しての答えはなかった。決めつけて申し訳ないけれど、たぶん読んでいないのだと思う。ならば打ち合わせも含めて出演時には、最初の段階に戻るしかない。アレフやひかりの輪は危険だろうかと大真面目で論議するレベルにリセットしたくない。そこには本質はない。本質は過去にある。過去を検証しないままに現在を論じても空しいばかりだ。

▼人は状況によって何千何万人も殺す

こうした視点を僕が持った過程において、親鸞の思想の影響は大きい。親鸞の思想に初めて触れたのは、僕にとって最初の書籍である『A撮影日誌』（現代書館）が刊行された2000年だ。この書籍の巻末に載せるための解説を、担当編集者は評論家の芹沢俊介に依頼した。このときに芹沢は、オウム真理教の犯罪を考察するための補助線として、親鸞の逸話を紹介した。その解説文の一部を以下に引用する。

「歎異抄」のなかで弟子の唯円に親鸞が「おまえさんは私の言うことに決して背かないか」と訊ねる個所がある。唯円は、はいと答えた。親鸞は、では人を千人殺してこい、そうすれば浄土への往生は間違いないと言った。師のお言葉ですが私の器量では千人どころか一人さえ殺すことはできそうにないと唯円は答えた。親鸞は、ではなぜ私の言うことに決して背かないと言ったのだと問いつめた。そして続けた。これでわかったであろう、なにごとも意志のとおりになるのなら、往生のために千人殺せと言えばすぐに殺すだろう。だが一人でも殺せないのはなぜか。そこに業縁がないからだ。善人だから殺さないのではない。意志が殺すまいと思っても業縁があれば百人千人殺すこともあるのだと。

この時期、僕は『歎異抄』の存在を知らなかった。さすがに親鸞の名前くらいは知っていたが、そもそも実家の菩提寺は曹洞宗だ（だからといって道元の教義について詳しいわけでもない）。

つまり一般的な日本人の信仰のありかたそのままだ。クリスマスには家族へのプレゼントを買うし正月には神社で初詣。墓や仏壇に手を合わせるのは法事のときくらい。宗教は心の平安のためにあるし、僧侶たちはみな人格者であることが当然だ。

その程度の認識でオウムと対峙した。映画の被写体となった信者たちは、みな優しく善良だった。でも同時に彼らは、もし麻原から命じられていたら、人をたくさん殺していたかもしれない人たちだ。その認識の狭間で煩悶していた。

だからこそ芹沢が提示した歎異抄のこの箇所（一般的には悪人正機と呼ばれている）は衝撃だった。「善人だから殺さないのではない。意志が殺すまいと思っても業縁があれば百人千人殺すこともあるのだ」との思想は、オウムだけではなく、ナチス最後の戦犯と呼ばれたアドルフ・アイヒマンの罪と罰を論考するうえでも重要な補助線となる。

人は状況によって人を何千何万人も殺す。優しいままで。穏やかなままで。凡庸なままで。子どもに頬擦りしながら。年寄りをいたわりながら。

オウムやナチスドイツだけに限定された話ではない。大陸で多くの人を殺害した大日本帝国の皇軍兵士たち。一般市民への被害を予想しながら広島と長崎に原爆を落としたアメリカの民意。異端審問に十字軍。文化大革命やポルポト政権の大虐殺。そして今のイスラム武装勢力によるテロ。まだまだいくらでもある。歴史の縦軸を見ても世界の横軸を見ても、そんな事例は数えきれないほどにある。残虐だから殺すのではない。凡庸だから殺すのだ。特に集団における「自衛」や「正義」などの業縁が芽生えたとき、人は大勢の人を躊躇なく殺す。それが人類の歴史なのだ。

▼そして法然

それから十五年。歎異抄だけではなく、教行信証もある程度は（もちろん現代語訳だけど）目にした。歎異抄についての書籍も刊行した。浄土真宗の催しに呼ばれることも多くなった。まだまだ門前の小僧のレベルではあるけれど、それなりに理解しているつもりだった。でもずっと気になっていることがある。親鸞が法然に寄せる無条件の信頼だ。例えば『歎異抄』には、

たとい法然聖人にすかされまいらせて、念仏して地獄に堕ちたりとも、さらに後悔すべからず候。

とのフレーズがある。たとえ法然上人に騙されて、念仏して地獄に堕ちたとしても、私はなんの後悔もしない。帰依という言葉を使いたくなるほどに凄まじい覚悟だ。ところが法然についての資料や文献は少ない。だから深くは考えなかった。法然の存在を、いつのまにか視野の外に置

いていた。

佐々木正（本稿を掲載した『法然思想』の発行者）からこの本への寄稿を依頼する手紙を受け取ったとき、読みながら虚を突かれた思いがした。確かにそうだ。あの親鸞がこれほどに一途な思いを寄せる存在なのだ。取るに足らない存在であるはずがない。

長い前置きを書いてしまった。でも法然について書くならば、僕にとっては絶対に必要な助走であることを理解してもらいたい。ここからが本題だ。

佐々木から今回のテキストとして示された例文を読みながら、現政権が提示した安全保障関連法案可決の際のプロセスを思い出した。重要なことは誰もが理解できること。でも結局のところ安倍政権は、その努力すら放棄した。明らかに違憲であることは自明だから、無理矢理に歪んだ理屈や事例を加えたとの見方もできる。その帰結として、戦後七十年の歴史が大きく転換した。多くの人が納得しないままに。

……いやこれでは、比較としてはあまりに矮小化が過ぎる。もっともっと当たり前のことと考えるべきかもしれない。

念仏を唱えるだけ。それで本願は達成できる。そんな簡単なことでよいのか。断食はしなくてよいのか。険しい山谷を走る必要はないのか。異性と交わってもよいのか。自らに苦痛を与えなくてよいのか。

こうした質問に対して法然は、にっこりと笑って「よいのです」と答える。あたかも菩提樹の下に座ったブッダが、苦行にはまったく意味がないと気づいたときのように。

テキストを読み終えてから、実のところは念仏を唱える必要すらないと法然は言いたかったのではないかと、門前の小僧は考える。だって衆生救済の本質が、眼や皮膚の色、言語、文化、そして崇拝する神の違いなどに影響されるとは思えない。

人であるかぎりは誰もが往生できる。これが絶対的に平等な慈悲の実践なのだから。


（二〇〇五年十一月）

法然語録②現代語訳（佐々木正）

百四十五箇条問答（庶民の質問に法然が返答したもの）

一　「なにごとも空しいと観ぜよ（空観）」と聞きましたが、この世に執着するなと言っているのでしょうか。

答　われわれには不可能なことです。僧侶が長年修行しても、出来るものではありません。まして女性の方には困難で、また無益なことです。

一　心が改まらなくても、修行をしなくても、念仏だけで往生することが出来るのでしょうか。

答　心が散乱するのは凡夫のならいで、力が及ぶものではありません。ただ一心に念仏を申せば、罪は消滅して浄土へ往生します。妄念よりも重い罪でさえ、念仏により消滅してしまうのです。

一　迷いの世界を離れて極楽に生まれても、その縁が尽きるとこの世にもどるということは、ほんとうでしょうか。

答　それは誤りです。極楽に生まれたならば、永久にこの世にもどることはありません。みんな仏に成るのです。ただし、人を導こうとして、還ってくることはあります。

一　百日以内の赤子は不浄（汚れたもの）と聞きます。寺に詣でることは差し控えたほうがよいのでしょうか。

答　まったくさしつかえはありません。不浄なものがついているのは、何も赤子にかぎらないでしょう。

一　念仏を多く称えるほど往生すると聞いています。残りの命が短い者は、どうしたらよいのでしょう。

答　これもおかしなことです。百度でも、十度でも、ただ一度の念仏でも往生します。

一　ニラ・ネギ・ニンニクや肉を食べたあと、臭いが消えないまま念仏を申してもよいのでしょうか。

答　念仏には、何のさしさわりもありません。

一　幼い子供が亡くなっても、物忌みすることがないのは何故でしょうか。

答　仏教には忌みということはありません。世間で言われていることです。

一　父母より先に死ぬことは罪だと聞いていますが。

答　この世ではよくあることです。人の死は、人間の力が及ばないことでしょう。

一　酒を飲むのは罪になるのでしょうか。

答　ほんとうは飲まないほうがよいのでしょうが、この世のならいなのでどうぞ。

一　鳥や魚や獣の肉はどうでしょう。

答　まったく同じことです。

一　五逆罪や十悪などの極悪の罪でも、一念の念仏で消滅するのでしょうか。

答　疑いはありません。

一　心に妄念が起きてきます、どうしたらよいのでしょう。

答　ただひとすじに念仏を申すことです。

一　（女の）毎月の障り（生理）のとき、経を読むのはいかがでしょう。

答　まったくさしつかえのないことです。

一　念仏申している者が、神社に参詣することはどうなのでしょう。

答　まったく問題のないことです。

一　女のねたみ心は、罪深いことでしょうか。

答　女に生まれた報いかもしれませんが、それはそれはつらいことでしょう。

一　出家してはいないのですが、往生できるのでしょうか。

答　在家のままで往生する人は、たくさんおられます。

一　疫病を病んで死ぬ者、子を産んで死ぬ者は、罪が重いと聞いていますが。

答　それも念仏を申せば、往生いたします。

一　法師（出家者）の犯した罪は、ことに深いと聞きましたが。

答　とりわけ、そのようなことはありません。

一　破戒の僧侶や愚痴・無智の僧に供養することも、功徳になるのでしょうか。

答　末法の世では、仏のごとく尊ぶことが大切です。

語録を読む②

ひとりで歩く法然

――圧倒的な「同調圧力」に抗する思想

森達也

先日『ブリッジ・オブ・スパイ』という映画を観た。監督はスティーブン・スピルバーグ。主演はトム・ハンクス。そして脚本は『ノー・カントリー』や『ファーゴ』など監督作品も多く発表しているジョエル&イーサン・コーエン兄弟だ。

これは観ないわけにはゆかない。だってスピルバーグとトム・ハンクスの組み合わせだ。それだけなら『プライベート・ライアン』や『ターミナル』など過去に何作もあるけれど、この二人にジョエルとイーサンの兄弟が関わった作品ならば、面白くないはずはない。それはまず大前提。

ただし映画の魅力は面白さだけではない。観終えた後に何を残してくれるのか。アクションやらホラーなど面白いだけの映画も時には観るけれど、ここのところ僕は、新作映画の撮影や編集が大詰めでとても忙しい。面白いだけの映画に二時間プラス往き帰りやもろもろの時間を費やすつもりはない。

作品は何を伝えようとしているのか。そしてその何かは、僕のものの見方をどれだけ変えてくれるのか。僕の人生にとって、どの程度の意味があるのか。

結論から書けば『ブリッジ・オブ・スパイ』は僕の人生にとって、とても重要な意味を持つ映画の一本だった。

▼「非国民」への攻撃

時代背景は一九五〇～六〇年代の米ソ冷戦下。保険など民事訴訟の分野で着実にキャリアを重ねて成功していた弁護士ジェームズ・ドノバンは、アメリカ国内で逮捕されたソ連のスパイであるルドルフ・アベルの弁護を依頼される。ためらうドノバン。なぜなら刑事訴訟は報酬額が低い。しかもアベルは敵国のスパイであり、全米中から憎悪されている。ならばアベルの弁護を引き受けることで、自分のこれまでのキャリアはすべて無に帰してしまうかもしれない。

しかしドノバンは、悩んだすえに依頼を引き受ける。なぜなら自分は弁護士なのだ。他の国民からどれほど非難されようが、あるいは裁判そのものがどれほどに不利であろうが、被告の側に立って弁護することが仕事なのだ。

こうして全米の敵として憎悪の対象となっていたアベルの裁判は始まり、彼を弁護するドノバンもまた非国民として、メディアや多くの人から攻撃され、遂には家に銃弾が撃ち込まれる。

しかしドノバンは揺るがない。その理由の一つは、実際に会ったアベルの高潔な人柄と、国を裏切らない強靭な意思に魅かれたからだ。考えたらアメリカも、多くのスパイをソ連に送りこんでいる。立場が違うだけなのだ。

アベルは自らの死刑判決を覚悟していた。でもドノバンはあきらめない。あらゆる手を尽くし、最終的には懲役三十年の判決を勝ち取った。

でも物語はまだ終わらない。裁判が終結してから五年後、ソ連領空内を内密に偵察飛行中（つまりスパイ行為だ）だったアメリカ人パイロットであるパワーズが、ソ連軍に砲撃されて捕らえられる事態が発生した。アメリカとソ連はアベルとパワーズの交換を画策し、アベルとの関係と裁判の実績を評価されたドノバンはアメリカ側の交渉役として、東ドイツに行くことをＦＢＩから依頼される。

……これ以上はネタバレになるから書かないけれど、観ながらずっと、国家と個人の相克について、僕は考えていた。そしてそれはまさしく、スピルバーグとハンクスとコーエン兄弟が、国家単位で憎み合いながら争い続ける今の世界に対して、この作品に込めたメッセージだ。

旧東ドイツと西ドイツの国境を、ドノバンが列車で行き来するシーンがある。壁を越えて西ドイツに越境しようとする何人かの東ドイツ国民が、監視塔の上で警備する兵士たちに無残に撃ち殺される。その場面を列車の窓から唖然と見つめるだけのドノバン。過剰な説明はない。でもここに強いメッセージが現れている。

▼集団の最上位「国民国家」

国境とは何か。国家の境界だ。ならば国家とは何か。なぜ必要なのか。国家によって僕たちはどれほどの恩恵を受けるのか。そしてどれほどの害を受けるのか。

この場合の国家は、組織共同体と言い換えてもいい。

前回も書いたように、生きもの全般において、人は類稀《たぐい》なほどに社会的な生きものだ。高度な社会性を持つ生きものとしてはハチやアリが有名だが、実は彼らの共同体はひとつの家族でもある。血縁関係のない集団でこれほど高度な組織共同体を保持する生きものは、人類以外にありえない。

だからこそ人類はこれほどに繁栄できた。でも集団は時として大きな過ちを犯す。そこに帰属する一人ひとりが、一人称単数の主語を失ってしまうことがあるからだ。

つまり「私」や「僕」ではなく、自分が帰属する集団が主語になる。この場合の集団には、学校や会社、自治体やNPO、趣味の会や宗教法人など、それこそいくらでもある。しかも一つではない。人は様々な集団に帰属しながら、社会における自分の居場所を確定する。集団は幾重にも重なりあう。

そしてこの集団の最上位で最も大きい存在が国民国家（Nation-state）だ。

国民国家の歴史は、それほど古くない。ヨーロッパでは十七世紀に、プロテスタントとカトリックが争った三十年戦争を終わらせるために締結されたウェストファリア条約によって、主権を持つ国家としての認識が定着したとされている。それまでは領邦や諸侯領などの語彙が体現する領土的概念でしかなかった。

日本ではもっと遅い。少なくとも江戸時代の庶民は、お上（幕府）という上位構造は知っていても、国民国家という発想はしない。その意識が萌芽するのは明治維新以降だ。

誕生してから三百年しかたっていない国民国家は、あっというまに世界の基盤構造となる。多くの国家がひしめき合い、それぞれの領土や利益を主張し、相容れない場合には戦争となった。また同時に十九世紀以降の国家は、様々なイデオロギーや思想の容れものとなった。旧ソ連に生まれた子供は最初から共産主義思想を持っているわけではない。でも教育やメディアを介して共産主義思想を、まるで持って生まれたかのように刷り込まれる。もちろんこれは、欧米における資本主義やイスラム国家における宗教の優位性なども含めて、すべての国に共通だ。

▼戦争の世紀を経て

ここで少し話は逸れるが、特にオウムによる地下鉄サリン事件以降、この国では「洗脳」や「マインドコントロール」などの言葉が、とてもネガティブで邪悪なニュアンスを保持する言葉として、メディアでは盛んに消費された。しかもほとんど区別されていない。

暴力的な圧力で思想を無理やりに変える洗脳は、一定の思想や慣習を無自覚のうちに身に付けさせるマインドコントロールとはまったく違う。そしてもしもマインドコントロールを否定するならば、教育や文化も成り立たなくなる。恋愛や宗教も広義のマインドコントロールだ。

様々なマインドコントロールを受けながら人は成長する。文化とは広義のマインドコントロールだ。ならば大切なことは、洗脳やマインドコントロールなどの言葉に過剰に反応することではなく、どのマインドコントロールがいちばん人を害することが少なく、人を幸せにするかを考察し、的確に判断することだ。

そのように考えたとき、共産主義や社会主義よりは、資本主義や自由主義のほうが、僕にはぴったりくる。独裁制と民主主義のどちらを選ぶかと言われたら、多くの人は迷うことなく民主主義を選ぶはずだ。

その程度のイズムであるけれど、人は国家共同体という枠の中で、均質性を求め始める。できるだけ同じ思想や言語や宗教でまとまりたい。もしも国境を挟んで違う集団がいるならば、それはきっと災いの元になるだろうと多くの人は直感する。

こうして二十世紀、人類は国家間の戦争の時代を迎える。さらに現在は、発達したメディアが不安や恐怖を煽ることで、その潤滑油としての機能を果たしている。

このままではいけない。そう考えたからこそ、国家を超えた概念を模索しようとする人々が現れた。つまり地域。その典型がＥＵ（欧州連合）だ。国境の壁をできるだけ低くする。通貨も統一する。

近年にヨーロッパを旅したことがある人ならば、その自由な行き来に驚嘆したことがきっとあるはずだ。国の行き来はパスポートの提示すら必要ない場合がある。

数年前、仕事でフランスとスイスとドイツに行ったことがあるけれど、車で移動しながら、自分が今どの国にいるのかわからなくなる瞬間が頻繁にあった。帰国してつくづく思う。なぜ東アジアは今も、これほどに国家単位でいがみ合い続けているのだろう。

もちろんヨーロッパの場合は、ほとんどが陸続きだし、英語はほぼどこも通じ、宗教も（カトリックとプロテスタントの違いはあっても）ほぼ同じだ。東アジアとはいろいろな意味で違う。同一視はできない。それはわかっているが、もう少し何とかならないものかと、成田空港に着くたびにつくづく思う。

▼排除する大義

境界。それは区分けするために存在する。そして区分けされた人々は、やがて区分けされることにアイデンティティを見出すようになる。境界と自己がセットになる。だからこそ境界を侵犯してくる人に対して、強くこれを排除したくなる。

およそ四百五十万年前、人類の祖先であるラミダス猿人がアフリカで樹上から地上へと生活圏を変えたとき、二足歩行を始めると同時に、彼らは群れて生活することを選択した。樹上では単独で生活できた。しかし地上には大型の肉食獣がたくさんいる。単独では捕食されてしまう。でも集団ならば肉食獣の接近に気づく可能性が高くなるし、おおぜいで撃退することも可能になる。

こうして人は群れる生きものになった。

群れる生きものは多い。イワシにメダカ、カモにスズメ、ヒツジにトナカイ。他にもいくらでもいる。彼らの共通項は弱いことだ。強い生きものは群れない。

特に人の身体は突出して弱い。足は遅いし空を飛ぶこともできず、さらに進化の過程で鋭い爪や牙や体毛までほぼ失った。とても脆弱な生きものだ。だからこそ群れる本能は強い。一人では生きてゆけない。そしてこの集団化のギアは、不安や恐怖によって簡単に加速する。

あなたも映像などで見たことがあるかもしれないが、イワシやムクドリなどの群れは、遠目には一つの生きもののように動く。全体が同じ動きをする。つまり同調圧力だ。理由は明らかだ。もしも全体と違う動きをする個体がいれば、天敵から真先に狙われる。こうして長い進化の道筋を重ねながら、全体と同じ動きをする傾向が強い個体ばかりが淘汰されずに生き残ってきた。

自分が捕食されるだけではない。もしも群れの中でおおぜいと違う動きをする個体があれば、それは全体を危機に陥れる可能性がある。だからこそ動きの違う個体は、異物（少数派）として群れから排除される。同時にまた異物を排除するその過程において、排除する自分たちは多数派として、さらに強く連帯を実感することもできる。

ここまでを読みながら、あなたは気づくかもしれない。要するに学校のいじめと構造は同じなのだと。それが社会全体で起きる。異物と見なす理由は動きだけではない。皮膚や眼の色の違い。

言葉のイントネーションの差異。あるいは自分たちとは違う神を称えていること。少数者であることが理由になる。排除の大義となる。

こうして集団は同質性を集団内部に求めながら、足並みそろえて行軍する。なぜこの方向に進むのか、なぜこれほど足早になるのか、疑問はあっても誰も口にはしない。やがてその疑問も消滅する。疑問を口にしたり首をかしげたりするだけで、異物とみなされる可能性があるからだ。イワシやムクドリの群れの動きを統率するのは全体の意思だ。でも実際には意思などない。擬似的意思だ。これは人にも当てはまる。危機や不安を感じて集団化が加速するとき、個ではなく全体の意思に即して動こうとする。しかしそんな意思など本来は存在しない。動く理由は個々の意思だ。ところがその前提が消えてしまう。

信仰を紐帯にする集団の場合には、この（全体の）意思の領域に、神の言葉や指示が充填される。しかし神の声は我々には聞こえない。だから誰かが代言する。それは神の擬似的意思であり擬似的指令だ。必ずしも神である必要はない。理念やイデオロギーの場合もある。民族の誇りや高揚した自衛意識の場合もある。いずれにせよひとたび集団化が始まると、人はこの擬似の意思に背いた動きができなくなる。

こうして集団は大規模な過ちを犯す。

▼世界規模で進む集団化

いろいろ思うところがあって、年賀状を書くことをやめたのは三年前。でも元旦には、まだかなりの数の人から年賀状が届く（とても申し訳ない）。

Happy New Year！　良い年になりますように。

一枚一枚を手に取りながら思う。今年が昨年より良い年になるとの根拠はあるのだろうか。

残念だけど見当たらない。年が明けてまだ間もないというのに、世界のいたるところでテロが頻発している。移民受け入れ問題で揺れるＥＵでは、民族主義や排外主義が噴出し、統合の理念は瓦解寸前だ。

今年十一月にオバマ大統領が任期を終えるアメリカでは、アクション映画のラスボスのような風貌のドナルド・トランプ候補が、今も高い支持率を保ち続けている。

こうした状況が現出した最大の理由であるＩＳ（イスラム国）に対して、有志連合は市民が犠牲になることを承知で、今も空爆を続けている。ならば仮にＩＳを殲滅したとしても、報復の連鎖はその後も続く。

要するに出口がない。世界は不安と恐怖の回路に閉じ込められている。もちろん日本も例外ではない。年明け早々に行なわれた北朝鮮の核実験は、憲法を変えることを最大の目的とする安倍政権にとって、これ以上ないほどに大きな追い風となるだろう。

右を見ても左を見ても、良い年になる要素など一つもない。なぜこうした事態になったのか。テロへの不安と恐怖を潤滑油にして、世界規模で集団化が加速しているからだ。

事件や災害で生存への不安や恐怖を抱いたとき、ヒトは一人が怖くなり、自分は集団の一員であるとの実感をより強く求め始める。そして全員で同じ動きをしようとする。つまり同調圧力だ。イワシやムクドリの群れは、鋭敏な感覚で全体の動きに同調するけれど、鋭敏な感覚と引き換えに言葉を手に入れたヒトの群れは、集団化が強まれば強まるほど、全体の動きを指示する為政者を求め始める。言葉だけではなく、敵を可視化して勇ましい言葉を掲げる為政者なら、もっと群れに歓迎される。

こうして国は自衛を理由に過ちを繰り返す。それは歴史が証明している。ならば僕たちはどうすればよいのか。何をどのように変えれば、この輪廻から離脱することができるのか。

▼個を主語にした宗教へ

法然が残した語録「百四十五箇条問答」は、貴族や武士・僧侶階級だけではなく、あくまでも一般庶民、そして特に女性からの質問に、法然が解答するという体裁をとっている。

法然が生きた鎌倉時代、主権国家や国民という概念はもちろんない。ただし中央集権としての幕府は存在している。税もあれば徴兵に近い概念も誕生している。

しかしあくまでも権利を行使する主体は、貴族や武士、そして僧侶階級だ。こうした状況においてほとんどの仏教諸派は、ヒエラルキーの下層に位置する農民など庶民を、布教の対象としては蚊帳の外に置いていた。なぜならば見返りがないからだ。貴族や武士ならば自分たちを庇護もしてくれる。農民や庶民にはそれもできない。

しかし法然は、貴族や武士などの特権階級よりも、むしろ庶民階層に念仏を伝えようとする。さらに日本仏教史上初めて、男性だけではなく一般の女性にも、ひろく布教を行なった。結果として法然のこうした姿勢が、建永（承元ともいう）の法難のきっかけのひとつになったことはよく知られている。

ならば考えなくては。なぜ法然はそれほどのリスクを冒して、女性をも布教の対象にしたのだろう。

法然と親鸞が、権力との関係を断ちきって個人の救済に専念する姿勢を示したことは、すでに歴史的事実と言って差し支えないだろう。これを言い換えれば法然は、（寺の存在を否定した親鸞も含めて）集団としてまとまることの弊害について、熟知していたと思わざるを得ない。集団ではなく個。組織ではなく一人。ここに法然が唱えた専修念仏の本源がある（と門前の小僧である僕は思う）。

だからこそこの問答において法然は、酒は飲んでもよいのかとか魚や肉はどうかとか忌はどうかなど、神道的穢れ意識に裏打ちされた社会的合意のほとんどを、小気味よいほどに明確に否定する。

例えば、父母より先に死ぬことは罪だとの発想は、現在も（特に年配者には）残されている。もちろん理屈ではないが、多くの人はなんとなくそうした意識を持っている。でも法然はあっさりと「この世ではよくあることです」と答える。言われて気づく。確かにそうだ。

ここには発想（主体）の転換がある。そしてこの答えを提示する法然の主体は、常に自分という一人称単数だ。我々でもなければ教団でもない。ましてや国でもない。

これはまさしく、『ブリッジ・オブ・スパイ』でトム・ハンクス演じるドノバン弁護士が、国家から与えられた使命ではなく自らの感情を起点にしようと決意した後半（くどいけれどネタバレになるので書けない）の展開と重複する。

こうして集団を主語にしていた仏教が、個を主語にした宗教へと変革される。その中心に法然がいたことは間違いない。さらに蛇足を承知で書けば、国境線をまたぐ橋の上でじっと立ち尽くすドノバン弁護士の厳しい表情を眺めながら、法然の生涯を思うことは決して不可能ではない。

（二〇一六年二月）

法然語録

③現代語訳（佐々木正）

【親鸞書簡集「末灯抄」第六通（文応元年十一月十三日・親鸞八十八歳）中の法然の言葉】

法然上人は「念仏を申す人は、愚かな人となることにより、往生できるのです」とおっしゃられたことが、はっきりと耳の底にとどまっています。また知恵も学問もない人々をご覧になって、「あの方々の往生は、まちがいありません」とおっしゃって微笑まれておられました。いっぽうで知恵や学問を身につけた人が、議論し合っている様子をご覧になって、「あの方々の往生はどうなるのでしょうか」と、顔を曇らせておられました。いまにいたるまで、そのような上人のお姿が思い出されてくるのです。

語録を読む③

もし神がいるのなら、なぜ——

森達也

　あなたは映画『エクソシスト』を観ただろうか。僕は観た。制作は一九七三年だからもう四十年以上も前の映画だ。このとき僕は高校生。リンダ・ブレア演じる少女が悪魔に取りつかれて階段を仰向けの四つん這い（スパイダー・ウォーク）で駆け下りる姿にはとにかく衝撃を受けて、ほぼトラウマになりかけた。

　大ヒットした映画だから、きっと観た人は少なくないと思う。今だって街のＤＶＤレンタル屋に行けば、かなりの確率でホラーコーナーに置いてあるはずだ。

　でもシリーズ第四作となる『エクソシスト・ビギニング』を観た人は、圧倒的に少ないはずだ。実際に興業的にも失敗だったし、評価も低かった。

　『スターウォーズ』や『ハリーポッター』、『指輪物語』などのように、最初からシリーズを予定していた作品は、あまり当たりはずれがない。でも『ランボー』や『エイリアン』、『ロッキー』など、予想外にヒットしたことでシリーズになった場合は、「２」以降は観て失望する場合がほとんどだ。

『エクソシスト・ビギニング』はその典型と言えるだろう。もう一度書くけれど凡作だ。監督はレニー・ハーリン。代表作の一つが『ダイ・ハード2』であることからもわかるように、どちらかといえばアクション映画をフィールドにしている監督だ。主人公は、『エクソシスト』で悪魔祓いに挑んで命を失ったメリン神父だ。ちなみに『エクソシスト』でメリン神父を演じたのは名優マックス・フォン・シドー。この役を『エクソシスト・ビギニング』では、後に『パイレーツ・オブ・カリビアン』や『アベンジャーズ』に出演したステラン・スカルスガルドが演じている。

▼『エクソシスト・ビギニング』のメリン神父の過去

物語の設定は、第二次世界大戦が終結して間もない時期（資料では『エクソシスト』の二十五年前とされている）。戦時中に神の存在に疑念を感じたことを契機として聖職者であり続けることを断念したメリン神父は、信仰を捨てて世界各地を放浪しながら、考古学者として生計を立てていた。

英領東アフリカ（後のケニア）で発見されたビザンチン帝国時代の教会遺跡発掘に加わることになったメリンは、発掘現場で若くて信仰心の篤いフランシス神父やアウシュビッツに収容されていたユダヤ人女性であるサラ・ノヴァック、地元の少年であるジョセフなどと出会い、親交を深めた。しかしその頃からジョセフの周囲で、兄がハイエナに襲われるなど奇怪な事件が続き、やがて次々と人が死に始める。

……ネタバレになるから詳しくは書けないけれど、最終的にメリン神父は、悪魔と闘うことを決意して、再び神への信仰を取り戻す。なぜならば、悪魔に勝つためには、神を味方にしなければならない。そして神を味方にするためには、神を信じることが絶対の前提であるからだ。

作品としては、(シリーズものの法則通りに)相当にご都合主義なシーンが散見する。発掘された教会の地下部分に陽は差さないはずなのに何十羽ものカラスが群れていたり、そもそもカンテラ一つしかないのにありえないほど明るかったり(暗くて見えなければ映画にならない)、とにかく全体に大雑把なのだ。

重要な伏線として、メリンが神の存在に疑問を持つようになった出来事が、何度も(メリンの記憶のフラッシュバックのように)再現される。そもそものきっかけは、銃を持つナチスの将校に、ユダヤ人殺害に加担することを強要されたからだ。具体的には、捕らえたユダヤ人のうち誰から殺害するか、「その順番を神父であるおまえが決めろ」とメリンは指示された。もちろん最初は断った。そんな指名などできないと。でも「おまえが断るならもっと多くのユダヤ人を殺害する」と言われ、最後にこの脅迫に屈したメリンは、その場で殺害されるユダヤ人を自ら何人も指名し、将校はその指示通りに引き金を引き続けた。

つまりこの映画では、悪魔(正確にはシリーズを通して登場するバズズ)よりもさらにデモーニッシュな存在として、ナチスドイツという存在が置かれている。そのナチスに屈したメリンが、悪魔と対峙するために、再び信仰を取り戻すというストーリーだ。

▼もし神がいるのなら、なぜ――

でもこれを言い換えれば、神（正確には父であるヤハウェと子であるイエス・キリストと聖霊の三位一体）は自らを信じないものは救わない、ということになる。実際に悪魔は何度もメリンの耳もとで、「神を信じないおまえが俺に勝てるはずがない」というニュアンスの言葉を囁き続ける。

……とここまで書いてふと気がついた。この悪魔はまるで、メリンに信仰を取り戻させるために登場したかのようだ。

ナチスの将校はメリンにユダヤ人虐殺に加担することを強要するとき、「神はもういない」と何度も言う。最終的にメリルはその言葉に屈する。だってもし神がいるのなら、これほどに無慈悲な殺戮を許すはずがない。

十七世紀のドイツの哲学者であるゴッドフリート・ライプニッツは、「オプティミズム（楽天主義）」を提唱したとして知られている。オプティミズムを一言で説明すれば、神の実在を前提に置きながら、「現実世界は可能なすべての世界の中で最善のものである」と認識することだ。なぜならこの世界は神が創造したのだから。

ただし補足しなければならないが、（楽天主義という訳語のニュアンスでよく誤解されるが）ライプニッツは決して無条件に現実を称揚したのではなく、「現実は起こりうる可能性として一番マシである」との思想として解釈されるべきだろう。

このライプニッツの思想に、十八世紀のフランスの啓蒙思想家ヴォルテールは、匿名で発表した小説「カンディード」で真っ向から反論した。主人公であるカンディードは、乗った船が沈没したり、異端審問にかけられたり、大地震に遭遇したりして多くの人が無慈悲に殺されたり死んだりする状況を目撃し続け、遂に楽天主義との決別を宣言する。言い換えれば神の不在だ。この世界に神などいない。だってもしもいるのなら、これほどの不条理と不寛容を許すはずがない。

もちろん、これについても解釈は多様だ。多くの不幸や挫折を体験しながらも晩年のカンディードは、ささやかな幸福を得ることができる。

でも大きな災害や飢餓や戦争など大規模な不条理に遭遇したとき、もしも神がいるのなら、なぜこの状況を許すのかと思いたくなる心理は想像できる。いや想像ではない。二〇一一年の東日本大震災の際に、この国に暮らす多くの人は、まさしく「神も仏もないものか」と思ったはずだ。

▼2011・3・11以降の「後ろめたさ」

地震が発生してからほぼ十日後、僕はカメラを手に現地に向かった。被災地ではまだ多くの遺体が瓦礫の隙間に転がっていた。避難所では多くの人が凍えていた。多くの人が泣いていた。多くの人が絶望と悲しみで虚脱していた。そうした状況を目撃しながら、神が実在するかどうかはわからないが、もしも実在するならば、絶対に慈悲溢れる存在のはずがないと考えた。

実際にこのとき、多くの既成宗教も無力だった。もちろん、いち早く現地に向かってボランティア活動に従事した宗教者を多く知っているけれど、でも彼らもきっと内心は、無力感に苛まれていたはずだ。できることはせいぜいが、食料や衣服の提供。そして頑張れと声をかけるだけ。死んだ人を生き返らせることはもちろんできないし、悲しみや絶望に打ちひしがれる人を救うこともできない。

生まれて間もない子供やその母親の遺体を目の前にしながら、彼らがどれほど苦しんで死んだかを想像し、なぜ彼らはこんな目に遭わなければならないのかと自問したはずだ。

そしてこれは、決して震災直後に被災地に足を運んだ人たちだけではなく、テレビ画面で被災地の状況を見つめながら、東北以外に暮らす多くの人が共有した感覚のはずだ。自分や自分の家族に被害はない。幸いなことに東北に親戚もいない。キッチンの冷蔵庫の扉を開ければ食材はたっぷりあるし、夜も凍える心配はない。

つまり日常は何も変わらない。

だからこそ思う。飛行機ならたった一時間のフライトで着く距離なのに、なぜ東北の太平洋沿岸に暮らしていた彼らだけが、これほどに過酷な体験をしなくてはならないのか。なぜこれほどに多くの人たちが、無慈悲に死ななければならなかったのか。

この煩悶の答えは見つからない。だから疼く。後ろめたさが励起する。そしてこれらの疼きや後ろめたさは、他の災害や事故に対して、これまで無関心だった自分に気づかせる。

東日本大地震の死者数は二万人を超えた。でも（だからこそ）考える。この国の自殺者数は、最近まで三万人を超えていた。四川大地震の犠牲者数は九万人で、東日本大地震の前年に起きたハイチ地震に至っては三十一万六千人だ。でもかつて、これらの報道を見たり読んだりしながら、僕も含めてどれほどの人たちが、死んだ人や生き残った人たちの悲しみや辛さを共有していただろう。大変な災害だとは思いながらも、結局は他人事だったはずだ。そのときは嘆息しながらも、テレビニュースの後に始まったバラエティ番組を観ながら、いつのまにかゲラゲラと笑っていたはずだ。翌日にはゴルフになど行っていたかもしれない。子供の進路や親の介護問題のほうが切迫していたはずだ。

そんな自分に気づく。そして思う。地震や津波などの天災だけではない。世界では今も、戦争状態が続いている地域はいくらでもある。シリアやパレスチナやイラクでは、多くの人が苦しみながら死んでいる。アフリカでは今も飢餓や内乱が続いている。多くの人がか細い声で助けを求めている。それに対して自分は、なぜこれほどに無関心でいられたのだろう。

世界では今この瞬間も、飢えや病気や戦争で、多くの人が苦しみながら死んでいる。時おりはそんな人たちのことを考える。でも決して持続しない。ある意味で当然だ。すべての他者の怒りや悲しみを共有しながら生きることなど不可能だ。それでは自分が壊れてしまう。社会が成立しなくなる。でも二〇一一年三月十一日以降、目を逸らしてきた自分たちの本質的な冷酷さに、多くの人たちは意識下で気づいてしまった。だから疼く。何をしていても落ち着かない。いつまでも後ろめたい。

そして最後に思う。神も仏もないものか。なぜこれほどに不条理で無慈悲で不平等な状況を許すのか。

▼なぜ人類は信仰を求めるのか

……おそらくはメリル神父も、自分が指名したことで射殺されるユダヤ人少女や老人たちを見つめながら、同じ思いを抱いたのだろう。神など実在しない。もしも実在するならば、この状況を許すはずがない。見過ごすはずがない。

こうして激しい絶望と共に信仰を捨てたはずのメリル神父は、再び神にすがる。悪魔と闘うために。武器はない。手にしているのは十字架と聖書と聖水だけだ。でも十字架で刺したり聖書で殴ったりするわけではない。ただ手にするだけ。そして聖句を唱える。それだけで悪魔は苦しむ。メリルの背後にいるらしい超越的な存在に怯える。

もしもメリル神父が信仰を取り戻していなければ、聖書も十字架も効力は発揮しないだろう。いくら聖句を朗々と唱えたところで、悪魔はせせら笑うだけだろう。

ここで重要なことは、神を信じているかどうかの一点だ。信じているなら神は助ける。でも信じなければ助けない。

ある意味で当たり前なのかもしれない。それは信仰のひとつのありかただ。信じる者は救われる。これを言い換えれば、信じなければ救わないということになる。

人類がいつから信仰を持つようになったのかは定かではない。（人類の直系の先祖ではないけれど）ネアンデルタールは屈葬していたとの説があるが、ならば遺体（あるいは死後の魂）に特別な力があると考えていたということになり、これを信仰の萌芽であると見做すこともできる。

地球上に生息する生きものは多様だが、信仰を持つ生きものは人類だけと断言できるだろう。イルカやアジアゾウやボノボなどはきわめて高度な知性を持つが、信仰を持っているとは考えづらい。

しかし人類と信仰は切り離せない。有史以来、あらゆる民族や文化圏において、信仰のない時代や地域は存在していない。ならば考えねばならない。なぜ人類は信仰を求めるのか。

自分が死ぬことを知ってしまったからだ。

イルカやアジアゾウやボノボなどは、他者の死を理解している可能性はある。でも自己もいずれ死ぬとは認識していない。なぜなら体験していないからだ。

発達した知性を持つ人類は、体験の演繹や普遍化が可能になり、他者だけではなくいずれ自らも死ぬことを理解した。そしてこの事態は、生きものが初めて迎える（精神的な）危機的状況ということもできる。

なぜなら死は怖い。どれほどに栄華を誇ろうが、権力を持とうが、死は分け隔てなく訪れる。その瞬間にすべてが消える。無に帰す。これは矛盾だ。

こうして人類は、発達した知性と引き換えのように信仰を想定した。世界中、あるいは歴史において、多くの宗教が存在するが、来世を説かない宗教はほとんど（もしかしたらまったく）ない。輪廻転生に極楽浄土、あるいは天国や地獄に煉獄など、語彙や世界観は微妙に異なるけれど、死んだらすべてが消えるなどと説く信仰は存在しない。

なぜならそれでは信仰の意味がない。

ただし、ブッダは実のところ、死後の魂については明言を避けている（だからこそ仏教は、厳密には宗教ではないとの説もある）。しかし死後の世界を担保しなければ布教ができない。こうして仏教も、ブッダ入滅後に、輪廻や浄土などの思想が付加された。

つまり極論すれば、死への恐怖を緩和するための装置として、信仰は誕生したとの見方ができる。

▼信仰を持つものと持たないものを隔てない

だからこそ信仰は、時としてとても危険な面を露呈する。死への恐怖を失わせるからだ。イスラムの自爆テロや日本の特攻などは、こうして来世を信じることで死への摩擦係数が下がるからこそ実践された。もちろん、自己の死への恐怖が消えるということは、他者を殺害することへの抑制を下げることと同義でもある。近年ではオウムのポアが典型だが、浄土真宗もアジア太平洋戦争の際には、「悪い英米を成敗して生まれ変わらせてあげる」との論理で、これを聖戦と呼んで戦うことを正当化した。

こうして信仰は、時として人を殺戮に駆り立てる。善き人のままで。

その自覚がある信仰者は、信仰に対してとても謙虚にならざるを得ない。万能でもなければ最強でもない。信仰を持つ者と持たない者を隔てない。知識や理性を信じない。

「浄土宗の人は愚者になりて往生す」

親鸞が回想する法然のこの言葉には、こうした命題への解答が的確に凝縮されている。もしもメリル神父の背景にある神がヤハウェではなく阿弥陀仏だとしたら、信仰を持とうが捨てようが、等しく救済しようとするはずだ。いや阿弥陀仏のことだ。悪魔であるバズズをも救済しようとするかもしれない。

ただし、キリスト教が実際に、これほど偏狭だったわけではない。今回の『法然語録』にも通じる有名なエピソードを最後に挙げて、今回は終わる。


それからイエスは弟子たちに言われた、「よく聞きなさい。富んでいる者が天国にはいるのは、むずかしいものである。また、あなたがたに言うが、富んでいる者が神の国にはいるよりは、らくだが針の穴を通る方が、もっとやさしい」。

弟子たちはこれを聞いて非常に驚いて言った。

「では、だれが救われることができるのだろう」

イエスは彼らを見つめて言われた。「人にはそれはできないが、神にはなんでもできない事はない」

新約聖書マルコ10章25節

（二〇一六年五月）

法然語録④現代語訳（佐々木正）

【「禅勝房への御言葉」（『四十八巻伝』・第四十五巻より）】

法然上人が言われました。

「この世での暮らしぶりは、念仏を申すことができるように、生活することに尽きています。念仏のさわりになることは、すべて厭い捨てねばなりません。

定住して申せないならば、放浪遍歴（流行）して申すことです。流行により申せないならば、定住して申すことです。

出家にて申せないのであれば、在家となって申すことです。在家では申せないならば、出家遁世して申すことです。

ひとりで籠居して申せないのであれば、仲間や友人と共に申すことです。仲間と一緒に申せないのであれば、一人きりで申すことです。

衣食に困窮して申せないのであれば、他人からの扶養を受けて申すことです。他人の扶助がさまたげになるのであれば、自分で生計を立てながら申すことです。

妻子や眷属・従者を持つことも、自分自身が支えられ励まされて、念仏を申すためにこそ、あることです。

念仏の障りになるものは、ゆめゆめ持ってはなりません。」

語録を読む④

優先順位

森達也

時おり優先順位について考えることがある。優先する順位。もう少しわかりやすく言い換えれば、大事なことや先にやらねばならないことの順番。目の前にある複数の要素を吟味して選択し、熟考して決断すること。

優先順位そのものについて考えることは時おりだけど、でも実は日々の生活において、人は誰もがこの優先順位決定のメカニズムを（時には自覚的に、時には無自覚に）使っている。

▼日常のなかの優先順位

例えば一般的なビジネスマンの場合、朝出社して自分のデスクに腰を落ち着けてから、多くの人は今日やるべき仕事の優先順位を考えるはずだ。

A社への連絡とB社への見積もり、さらにC社とD社へのプレゼン用の資料作り、そして数日前に発注の件でミスをしてしまったE社への謝罪。これらの要素のうち、どの順番で手を付けるべきなのか。何を優先すべきなのか、デスクの上のパソコンを起動して熱いコーヒーを口に含みながら、あなたは少しだけ考える。ただし、考える時間は少しだけ。ここで何時間も悩む人はあまりいないはずだ。なぜならば、そんな煩悶を毎朝何時間もデスクでしていたら、あなたはどうやら無能らしいと上司や周囲から評価される。

あるいは一般的な専業主婦の日常の場合なら、夕食の準備と部屋の掃除のどちらを先にすべきかと考える。いやそもそも、今日の夕食のメニューでまずは悩むはずだ。前にカレーを作ったのはいつだったかしら。またソーメンではきっと家族から不満が出るわね。ハンバーグにしようかしら。思いきってすき焼きという選択もあるわ。そういえば今日は近所のスーパーで牛肉が安い日のはずね。そこまで考えて、あなたはすき焼きにしようと決断する。でも同時に思い出す。このところ雨が続いているので、たまってしまった洗濯物を洗わねばならない。そういえば手持ちのお金もそろそろないわ。銀行に行って口座のチェックもしなければ。何を優先すべきかしら。まずは銀行ね。次に買い物。そして家に帰って、洗濯をしながら夕食の準備。

こうしてその日の優先順位が決定される。

学校が終わって家に帰ってきたばかりの子供も子供なりに考える。今日の宿題は算数と国語。さきにどちらからやるべきか。いやまずは、気分転換で少しだけゲームをやろうかな。そのほうが宿題の能率もきっと上がるはず。でもならば、どのゲームからやるかを考えなくてはならない。

ドラクエはもう少しでクリアできるけれど、気分転換ならシューティングゲームのほうがスカッとする。どちらにしよう。そのときスマホが震える。クラスの吉田君だ。遊びに行こうとのメッセージ。また選択肢が増えた。何から先に片づけようか。

とてもけしからん人に至っては、幼馴染のA子とスナックで知り合ったB代、友人から紹介されたC子と昨日ナンパしたばかりのD恵のうち、自分にとって一番大切な女性は誰だろうと考えるときに使うかもしれない。いやこの場合は、優先順位という言葉はふさわしくないか。恋は打算とは違う。あなたはそう思う。そう思いたい。でもC子を選んだ理由は自分でもわからない。料理が上手とか気立てが良いとか、それは後付けに過ぎない。何かがあったのだ。多くの人はそれを直観という。確かにそうだ。いわば無自覚な優先順位だ。

▼何かを捨てる。何かを残す。

いずれにせよ優先する順位を考えるとき、人はそれぞれを選択した際の状況を、頭の中で素早くシミュレーションするはずだ。ビジネスマンのあなたがB社への見積もりを先にした場合、C社とD社へのプレゼンが間に合わなくなる可能性がある。ならばC社へのプレゼン準備を先にしようか。ただしその場合は、E社の担当が「ミスは仕方がないけれど謝罪をなぜしないのか」とさらに怒るかもしれない。でもそういえば、部長がE社とはそろそろ距離を置いたほうがいいとか言っていたな。ならばD社かな。でもD社を優先した場合は、担当だった（同僚の）Fが、

「俺の仕事を横からとるのか」とむくれる可能性がある。困ったな。いっそのことA社にすべきだろうか。でもその場合は、B社の契約がとれる可能性がとても低くなる。

人はこうして惑う。悩む。煩悶する。生きることはその繰り返し。毎年大晦日が近づけば、あなたは部屋の大掃除を試みる。何かを捨てる。何かを残す。そこにある判断基準は何か。大切なものを優先的に残す。でも大切とは何か。思い出があるもの。売れば高価なもの。これからも使う可能性があるもの。人はこれらを残す。逆に、思い出や思い入れは特にないもの。売りたくても誰も買いそうもないもの。これからも使う可能性がほぼないものは、ゴミの種別に分けられながらビニール袋の中に入れられる。

実のところは人との付き合いも同様だ。親友とは何か。優先順位の高い同性の（同性ではない場合もあるけれど）友人だ。毎年書いていた年賀状をやめるとき、あるいは（昨年は結局返事が来なかったけれど念のため）今年も書くとき、その相手をあなたは、どのように選別しているのだろう。

誰もが何を先にすべきかを考える。何が何より大事なのかを考える。子供は子供なりに。大人は大人なりに。なぜなら優先順位を考えることは、いかに生きるかを考えることと重複する。

生まれてから現在まで、様々な優先順位を（意識的にせよ無意識的にせよ）選択してきた帰結が、自分の今の位置であり、状況であり姿でもある。

▼生きものや宇宙の法則

一八五九年、イギリスのチャールズ・ダーウィンは、「種の起源」を発表した。生きものは最初から今の形ではない。単細胞生物が多細胞生物になる過程と並行するように、徐々に進化を重ねてきた。そのメカニズムを理解するうえで重要な要素は、突然変異と自然淘汰（適者生存）だ。環境がそれまでと変わったとき、突然変異によってそれまでとは違う属性を手に入れた個体が、新しい環境に適応する形で生き残り、その遺伝子を子孫に残す。

大きくはこのように解釈されているダーウィニズム（進化論）は、まだ定理ではなく仮説のレベルだ。おおむねは正しい。でも変異の発生や遺伝をめぐっては、ダーウィン没後も大きな論争（代表例はネオ・ラマルキズム、定向進化説、跳躍説など）が何度も起きているし、最近でも細胞生物学者のリン・マーギュリスや今西錦司などは、進化の主要な原動力は競争ではなく共生であると主張して、ダーウィニズム以降のネオダーウィニズムすらも真っ向から否定している。

つまり生きものの進化についての認識は、今現在も揺れている。まだ完全な定説はない。でも進化の本質が、「なぜ」とか「どのように」については諸説があったとしても、獲得した形質や属性の遺伝であることだけは、ほぼ定説と言ってよいだろう。

ならば考えたくなる。生きものはどのように形質や属性を獲得したのだろうか。そのときに優先順位のメカニズムは働いたのだろうか。

もちろん、獲得した形質や属性が突然変異であるならば、少なくとも個における優先順位のメカニズムは機能していないと考えるべきだろう。生まれる前に自らの意思において突然変異をすることなど不可能だ。でも個において突然変異が発生した場合には、次の段階で環境による淘汰を受ける。そしてこれは、主体を個から自然や環境に置き換えれば、自然や環境がその種における個の優先順位を決定したと考えることも可能なはずだ。

ここはわかりづらい。具体的な例を挙げよう。胸鰭が前脚のような形状に進化したハゼの仲間がいた。彼らは時おり波打ち際の水から出て、胸鰭を器用に使いながら、砂浜や岩の上を這って歩くようになった。ただしエラ呼吸であるかぎり、長時間水から離れることは不可能だ。

やがて日照りが続き、彼らの多くは浜辺に取り残された。もちろん多くは死んだ。でもやがて、エラ呼吸だけではなく、皮膚呼吸や（原始的な）肺呼吸ができる個体が何匹か誕生した。何度も仲間が浜辺に取り残されて死んでしまう事態を眺めながら、その形質を彼らが自分たちの意思で優先順位的に獲得したのか（これはラマルク説）、それとも突然変異で獲得したのかはわからない。とにかく彼らは生き残り（自然環境が彼らを優先順位的に選択したとの見方ができる）、環境に適応して、少しずつ数を増やし、やがて両生類へと進化する。

その彼らが、やがて恐竜となり、原始的な哺乳類となり、そして猿人から原人を経過して、ホモサピエンスへと進化の道筋をたどる。

つまり現生人類は、気が遠くなるほどに何層にも重ねられた優先順位の決定によって、形成されたということになる。

こうした見方に対して、イスラム教やユダヤ教、そしてキリスト教福音派など一神教の宗教は、当然ながら異議を唱えるだろう。なぜならば彼らに言わせれば、神は自分に似せて人間を作ったのだ。ならば進化など世迷いごとだ。人類の先祖が単細胞生物であるなどありえない。

でもこうした原理主義的な見方ではあっても、優先順位のメカニズムそのものは否定できない。いやむしろ強調する。だって神の意思が優先している。そして神も優先順位を決めている。信仰がファナティクになればなるほど、その輪郭はより鮮明になるはずだ。

つまり人や神に意思や感情があるという前提に立つかぎり、優先順位のメカニズムは常に存在する。これをさらに言い換えるなら、優先順位の決定メカニズムは、意思や感情のメカニズムそのものでもあるということもできる。

意思や感情に限定するならば、高等な生きものという範囲になるかもしれない。でもすでに原始の海にいたハゼの仲間に見るように、本能や衝動のレベルでも優先順位決定のメカニズムは現れる。そもそもダーウィニズムは、感情や本能とは無縁のはずの存在である自然や環境が、優先順位を決めて個を存続させるという理論なのだ。

ならば、優先順位の決定メカニズムは、生きものだけに限定される法則ではない。真空がゆらいでビッグバンが起きたとき、なぜインフレーションが派生したのか、その後に水素原子やヘリウム原子が他の原子に変わるとき、宇宙の膨張が続くとき、ヒッグス粒子の働きで素粒子が引き合って原子の雲ができて凝縮して銀河ができる過程にも、あらゆる局面で優先順位のメカニズムは働いている。

つまり優先順位のメカニズムは、生きものだけではなく、宇宙や素粒子の動きを観察する物理学においても、大前提となる法則なのだ。

▼法然の「念仏を申す」

ところが法然は、この優先順位を否定する。いや正確には否定ではない。「念仏を申す」という優先順位から揺るがない。つまり優先順位決定のメカニズムが固定している。

定住することが「念仏を申す」ことの差し障りになるのなら、放浪するべきと宣言する。迷いやためらいは一切ない。そして放浪することで「念仏を申す」ことができなくなるのなら、定住すればよいとあっさり自らを切り返す。

出家するかどうかは多くの信仰において重要な要素なのに、その価値や損得などまったく眼中にない。出家して「念仏を申す」ことができなくなるのなら、在家のままでよいと法然は断言する。そして在家のままでは「念仏を申す」ことができないのなら、出家すればよいと宣言する。どっちですかとたまりかねて質問すれば、「どちらでもよい」と法然は答えるはずだ。どちらにするかに意味などない。優先順位は揺るがない。意味は念仏を申すことにある。この優先順位は、いついかなるときも変わらない。

法然における最優先順位は、常に、いつも、必ず、「念仏を申す」こと。自分だけではない。信仰にすがる人すべてに対しても、法然は同じことを淡々と述べる。ならばおそらくは、残された「御言葉」の、こうした拡張も可能なはずだ。

阿弥陀を信じきることができないから念仏を申せないとあなたが思うのであれば、阿弥陀への信仰をしっかりと持つことだけを考えるべきです。そしてもし、阿弥陀への信仰が邪魔をして念仏を申せないと思うのであれば、阿弥陀への信仰など捨てることです。浄土があるかどうか不安で念仏を申すことに集中できないのであれば、とにかく浄土はあると思いこむことです。そしてそれでもなお、念仏を申すことに集中できないのであれば、浄土など存在しないと思いなさい。それでよいのです。大切なことは、いついかなるときも、念仏を申し続けること。それ以上に大切なことなど存在しないのです。

つまり法然は、生きものや宇宙の法則を、この「御言葉」であっさりと否定しているのだ。迷いや逡巡は欠片もない。ダーウィニズムへの懐疑やネオ・ダーウィニズムが掲げる問題提起などのレベルではない。

マントラや聖句、神への誓いや信仰告白など、呼称は様々だが、信仰と言葉とは切り離せない（だから解釈をめぐって論争が起きる）。もちろん念仏も言葉だ。でも法然は、仏の姿を想い描く観念や意味を否定する。意味など二の次なのだ。ただ唱えること。

そして法然がこれ以上ないほどにユニークである理由は、その念仏を、信仰よりも高い優先順位に置くことすら厭わないことだ。

もちろんこれはレトリックだ。信心がない念仏などありえない。理性ではそう思うけれど、法然はむしろ、信心がなくても念仏さえあればよいと本気で言っているのでは、と時おり思いたくなる。それほどに迷いがない。それほどに躊躇《とまど》いがない。ひたすら真直ぐだ。

外に向かう念仏の純度が上がれば上がるほど、内なる信仰は堅実になる。凡人にはそう解釈するしかない。でももし法然にそう訊いたなら、少し違いますねというように、にっこりと微笑むことくらいの予想はつく。


（二〇一六年八月）

法然語録⑤現代語訳（佐々木正）

【常に仰せられける御言葉】

他力本願により助かるためには、二つの道があります。助からない道も二つあります。助からないほうの道の一つ目は、罪をつくったときに助かりません。なぜならば、このような罪を犯すならば、念仏を申しても往生できるはずがないと思うときに、助からないのです。もう一つは、道心（菩提心）が起こるときに、助からないのです。なぜならば、このような道心を起こして念仏を申すのだから往生できる。道心がなければ念仏を申しても往生ができるはずはない、と道心を先にして本願をあとにするときに、助からないのです。

次に本願により助かる二つの道というのは、一つ目は罪をつくったときです。なぜならば、このような罪をつくれば間違いなく地獄に落ちるはず。けれども本願の名号をとなえれば、往生は間違いなしとよろこぶときに、助かるのです。二つ目は、道心が起こるときに、助かるのです。なぜならば、この道心などで、往生できようはずもない。これくらいの道心は誰もが、昔から起こしてきたけれども、助かった人はいない。だから道心の有無を論ずることなく、また罪の軽重を問題にすることもなく、ただひとすじに本願の念仏を称えつづければ、往生できるのだと決定したときに、他力本願により助かるのです。

語録を読む⑤

特異性と普遍性のメカニズム

森達也

この連載の一回目で、僕は自分とオウム真理教とのかかわり、さらにそこから派生した親鸞とのかかわりについて書いた。いわば連載の助走であり前書きだ。

本書では37頁6行目「**映画の被写体となった信者たちは、みな優しく善良だった。**」と僕は書いている。被写体となった信者だけではない。映画撮影後は、坂本弁護士一家殺害事件や地下鉄サリン事件などに関与して死刑判決を受けた幹部信者たちにも、何度も面会して手紙のやりとりを続けた。彼らもまた、優しくて善良で純粋だった。でも同時に、彼らは多くの人を殺した殺人犯でもある。そのジレンマに困惑していたからこそ、歎異抄十三章における親鸞の「悪人正機」の思想は、とても衝撃的で説得力があった。

人は人を殺す。残虐だからではない。凡庸だから殺すのだ。

▼特異性だけが消費される

この場合の「残虐」とは特異性だ。そして「凡庸」は普遍性を示す。特異性ではなく普遍性をこそ見つめるべきだと親鸞は説く（と僕は解釈した）。でも現実には、特に耳目を集める事件や事故が起きたとき、多くの人は普遍性よりも特異性に関心を示す。だからこそメディアも、特異性を探してこれを強調する。だってそのほうが、視聴率や部数は上がるのだ。

もう一度書く。すべての現象には特異性と普遍性がある。ところが事件が注目されればされるほど、メディアと社会は特異性ばかりに注目し、これを消費する。

最近の事例を挙げる。十九人の障害者が殺害された相模原事件だ。その衝撃は大きかった。当然ながら報道は過熱した。しかし発生直後に比較すれば、不自然なほど急激に事件の報道は冷却した。

そこに深い理由はない。事件から十日後にリオのオリンピックが始まっている。メディアはシフトを入れ替える。社会の興味や関心に合わせるために。つまり市場原理だ。それはいつものこと。今に始まったことではない。ただし相模原事件については、その振幅はいつにもまして大きかった。この後遺症は小さくないはずだ。オウムの一連の事件と同様に。

事件発生からしばらくの期間、容疑者の異常な言動や攻撃性の高さなどに言及する文脈が、

（護送される車の中で嬉しそうに笑う表情が、何度もテレビで映し出されたことを思い出してほしい）テレビニュースなどでは大量に消費された。

もちろんそれは（一面的には）正しい。殺害された人の数や犯行の動機も含めて、自らが勤務していた障害者施設で十九人を殺害したこの事件が、きわめて特異で突出した事件であることは間違いない。

ただしこの事件においても、社会とメディアは容疑者や事件の異常性（つまり特異性）ばかりに関心を示し、これを消費した。

事件発生直後、テレビでは多くのコメンテーターや識者が、サイコパスや反社会性パーソナリティーなどの言葉を口にした。可能性のレベルではなく、ほぼ断定だったと記憶している。ヘイトクライムや障害者差別などの語彙も飛び交った。これらはすべて特異点だ。しかし特異性ばかりが強調されれば、犯人は理解不能なモンスターとして造形される。異常な男が仕出かした特異な事件。ならば事件から教訓を学んだり再発防止策を講じたりすることなど不可能だ。

▼「生きるに値しない命の存在と処理」

特異性と普遍性のメカニズムは、相模原事件だけに限らない。はるかに大きな規模で進行したのが、オウム真理教による地下鉄サリン事件だ。そして近年は、この傾向がとても顕著になっている。つまり悪が強調される。

その帰結として善悪二元化が進行し、セキュリティ意識が上昇する。こうして社会やシステムは形を変える。特にオウム以降、駅のごみ箱は透明であることが当たり前になり、監視カメラは増殖し（日本の監視カメラの人口比台数は、数年前にイギリスを抜いて今は世界一とのデータもある）、防犯グッズは市場に溢れて安全保障関連会社の業績は右肩上がりに急成長を果たし（そういえばテレビCMの量が急激に増えたとあなたも気づくはずだ）、予防拘禁や保安処分の強化などが、テロ対策などの大義が追い風となって、さらに正当化されてゆく。

その後の報道によれば、相模原事件の容疑者は、学生の頃から養護学校などで働くことを目指していた。教育実習のときに受け持ったクラスの父兄や子供たちからの評判も、気さくで子供好きと良好だったという。そもそも障害者への差別感情やヘイトが容疑者の意識下で燻っていたのなら、三年以上も障害者施設で働くことは難しいはずだ。学生時代の友人などの証言を聞くかぎりでは、「反社会的な傾向」「他者への共感性の欠如」「嘘を平気で口にする」などの性格傾向は見受けられず、生来の気質であるサイコパスや反社会性パーソナリティー障害とは明らかに違う。

衆院議長宛の手紙に容疑者は、「私の目標は重複障害者の方が家庭内での生活、及び社会的活動が極めて困難な場合、保護者の同意を得て安楽死できる世界です」と記述した。障害者を抹殺する理由は「世界経済の活性化、本格的な第三次世界大戦を未然に防ぐ」とも。

つまり正義なのだ。だから後ろめたさがまったくない。

事件後にネットの掲示板などでは、容疑者のこの論理に共鳴する書き込みが多数現れて、これもまた大きな社会問題となった。

こうした動きに対して多くの人は、ホロコーストの前駆段階で障害者や同性愛者たちを社会から抹殺することを試みたナチスドイツ的な優生思想を重ね合わせながら、「命はすべて尊い。生きるに値しない命など存在しない」と激しく反論した。

強く同意する。命はすべて尊い。ここに反論の余地などない。

でもならば、同時に思い出さなくてはならないはずだ。この国では断種や中絶を合法化する優生保護法が、一九九六年まで施行されていた。ちなみに優生保護法の戦前までの名称は断種法だ。今は母体保護法と名称を変えながらも、母体保護と優生学的な見地からの不妊手術と人工妊娠中絶を、合法な処理として認めている。さらに最近は遺伝子異常を発見して堕胎する出生前診断も、当然のように行なわれている。

何よりも先進国の多くが廃止した死刑制度を、この国は今も国民の総意として、維持し続けている。国連総会では毎年のように「死刑の廃止を視野に入れた死刑執行の停止」を求める決議が採択されているが、日本政府は過去から現在に至るまで、この採択にすべて反対し、廃止すべきとの勧告に対しては、国民の大多数が死刑存置を求めているとして応じない構えを続けている。

つまり「生きるに値しない命の存在と処理」を、この国は公式に認めている。

▼「オウム」報道に端を発するメディアのメカニズム

もちろん、現実における諸要素を、いたずらに哲学的で観念的な領域にスライドさせるべきではないと反論されるなら、部分的には同意する。もっと端的に、死刑になることを知りながら人を殺めた罪人と何の罪もない障害者を同じ位相で語ることは道徳的ではない（つまり自己責任論だ）と言われるのなら、そのロジックに対しては無理に反論しない（本音を書けば、そのレベルで議論するつもりはない）。

ただし自分たちのこの矛盾について、無自覚に目を逸らしてきた領域について、そして社会の非論理的な冷酷さは、もっと直視されねばならないとは主張する。

事件直後、まだ取り調べも始まっていない段階で、競争原理に背中を押された多くのメディアは、特異性ばかりに特化した断定や解釈を繰り返した。それからもう充分な時間が過ぎた。取り調べは今も続いている。精神鑑定もやがて行なわれるはずだ。ところが皮肉なことに今、社会はこの事件に対して、関心をほとんど失いかけている。だからメディアも取り上げない。

こうして事件は今後、「闇」や「ブラックボックス」など常套句的な語彙に装飾されながら、ひとつの特異点として歴史に回収され、やがて風化する。

ひとつの事例として相模原事件を挙げたが、特異性だけをとりあげる傾向は、ほぼすべての事件や事故の報道に共通している。そして（もう一度書くが）、このメカニズムが圧倒的な規模で進行したのが、一九九五年に起きた地下鉄サリン事件に端を発するオウム真理教の事件の報道だ。

特に教祖である麻原に対しては、普遍性はほとんど削ぎ落とされた。

実際にメディアが麻原に冠した形容詞の多くは、特異性ばかりを強調する「狂暴」や「冷酷」であり、その手法としては「洗脳」という用語がうんざりするほどに使われた。こうした語彙に、相模原事件で消費されたサイコパスやレイシズムなどの語彙を代入すればいい（実際にサイコパスなどの語彙は麻原に対しても頻繁に使われた）。

こうして実行の指示を下したキーパーソンの発言は、法廷においては、結果として封じられた。ならば動機がわからない。つまりオウム事件の根幹は、今に至るまで何も明らかにされていない。

▼両端のあいだにある領域

今回のテキストである『常に仰せられける御言葉』において、法然は普遍を説く。相当に際どいアクロバティックなレトリックを駆使しながら（このあたりはさすがに親鸞の師匠だ）、徹底して特異を排除する。罪を作った人は特異な存在であるから救われないと断定しながら、次のレトリックで、罪を作った人こそが救われるのですと断言する。菩提心が生じた人は救われないと言った直後に、菩提心が起きるからこそ救われるのですと説く。

読みながら人は惑う。いったいどちらなのですかと訊きたくなる。ならばそのとき法然は、にこにこと微笑みながら、お好きなほうを、と答えるのだろう。黒か白か。右か左か。どちらかではない。どちらでもよいのです。

人は常に惑う。この世に生を受けてから死ぬまで、毎日惑い続ける。右か左か。正義か悪か。黒か白か。真実か虚偽か。ところがその両端に法然は興味を示さない。むしろ排除する。

……書きながら気がついた。これは親鸞の「真仮偽」の思想に繋がっている。真実でもなく偽りでもなく、その両端のあいだにある仮の領域だ。真も偽りも概念だ。我々はその狭間に生きていると、僕はこの教えを解釈している（もちろん異論はあると思う。門前の小僧以下の森達也の独断だと思ってもらったほうが間違いはない）。

惑うことは当たり前だ。でも惑いはつらい。すっきりしたくなる。こうして人は時おり惑うことを止め、無理やりにどちらかに身を置いて、正義や大義や真実などにすがる。熱狂する。

少し本筋からは逸れるが、この誌面でどうしても書いておきたいことがある。東京高裁は九月七日、オウム最後の指名手配犯と呼ばれた高橋克也被告に対する控訴を棄却して、一審判決の無期懲役を支持する判決を下した。

オウムの確定死刑囚は麻原彰晃を含めて十三人。そのうち六人と、僕は『A3』執筆時、面会や手紙のやりとりを続けた。事件への関わりかたや役割はそれぞれ違うけれど、自らの過ちを認めながら遺族の心情に思いを馳せて死刑を覚悟していることは、ほぼ全員に共通していた。でも控訴や上告はした。なぜならオウム関連の裁判は、量刑が不当なほどに重いことが多い。だからこそ弁護側は上告や控訴を主張する。被告を説得する。もしもそのまま認めてしまったら、これが今後の判例になるからだ。ところが社会は、控訴や上告をしたとの報道に接しながら、「結局は反省していないのか」とか「自分の命は惜しいとは身勝手だ」などと、怒りを新たにする。

いずれにせよ、一連のオウム裁判は遠くない日に終結する。ならばこれからは、十三人の死刑執行が取りざたされることになる。

高橋克也の弁護側は、一審から麻原の証人尋問を求め続けているが、裁判所は却下し続けている。平田信や菊地直子の裁判も含めて、多くの元幹部たちが、確定死刑囚であるにもかかわらず証人として出廷したが、なぜか一連の事件のキーパーソンで指示を下したはずの麻原は、一度も証人として出廷していない。

その理由は明らかだ。人目に晒せる状態ではないからだ。もしも彼が裁判所に現れれば、完全に心神喪失の状態であることが明らかになってしまう。ならば処刑できなくなる。

僕だけが知る事実ではない。麻原の今の状態については、裁判所もメディアも知っている。一審判決当時には、僕の主張に対して「あれは詐病だ」とか「一回だけの傍聴で何がわかる」などと冷笑していた識者やジャーナリストたちの大半も、さすがに麻原の今の状況は普通ではないようだとほぼ気づいている。でも知りながら誰も口にしない。見て見ぬふりをしている。無自覚に視界から外している。

その理由も明らかだ。もしも麻原は処刑できる状態ではないとの視点を表明すれば、それは一審だけで終わった麻原裁判の有効性に対しての疑いと重複するし、処刑を阻止するのかとかオウムに肩入れするのかなどと、多くの非難を浴びることが自明だからだ。

まとめよう。**ここは近代司法の国ではない。**

両端は間違える。取り返しのつかない過ちを犯す。その狭間の領域にこそ、浄土へとつながる道があると法然は説く。つまりブッダが唱えた中庸だ。形や言葉は少しずつ違っても、教えの本質は脈々と息づいている。ブッダから法然へ。法然から親鸞へ。そして親鸞を継ぐ現在の我々にこそ、この教えは何よりも重要だ。

（二〇一六年十二月）

PART 2

討議

底抜け世界に
希望はあるのか？

森達也／今野哲男／杉山尚次（言視舎）

1 二つの結節点——「連赤」と「オウム」

●森　イントロで杉山さんから、「底が抜けた」この時代をどう俯瞰するか、という課題を与えられました。「底が抜けた」とは「閾値を超えた」ということです。その感覚は僕にもあります。鍋の中の水を徐々に熱すれば中に入れたカエルは飛び出すタイミングを失ってしまうという使い古されたアナロジーがあるけれど、僕たちは今、まさしくそのカエルなのかもしれない。ならば重要なことは、お湯の現在の温度です。さらにどの程度の火力なのか。サーモスタットはついていないのか。いろいろ複雑な因子が絡みます。ほとんど「飛び道具」だけでここまでやってきた僕には手に余る。だから今野さんの知性をお借りしたいと杉山さんに相談しました。お二人が旧知の間柄でよかったです。

●今野　僕は、知性にはまるで自信がありません。それで、この歳になっても何をもってこの時代と戦えばいいのかと、いつも思い迷っている。森さんには、初期の『スプーン』や『放送禁止歌』のころから一貫して変わらない「地を這う」ような強いモチーフがあるから、果敢に戦い続けておられるわけで、「飛び道具」とおっしゃいましたが、本当は、その「地を這う」ところで大事な何かを見つける力に森さんの魅力と強みがあるのではないでしょうか。

▼「森達也」という方法

●**森**　「地を這う」ですか。……まあ確かにこれまで、「華麗に天空を舞ってはきた」とは言い難い。だから俯瞰が苦手です。メディアとかジャーナリズムがテーマなら、ある程度はしのげるけれど、社会を俯瞰するのであれば、やはり交錯する視点が必要になります。そこに今野さんが持つアカデミックな領域が有効に働いてくれることを期待しています。僕はそもそも、漫才で言えば突っ込みではなくてボケなんです。だから以前にお手伝いしてもらった『こころをさなき世界のために――親鸞から学ぶ〈地球幼年期〉のメソッド』（洋泉社新書y、二〇〇五年）のように、イニシアティブは今野さんにとってもらいたいと思います。

……話しながら今思い出したけれど、前作で今野さんはぼくに合わせてくれた部分もあったけれど、そもそもオウムについては、あまり関心がないですよね？

●**今野**　ええ。積極的にはなかったです。僕があのとき一番興味があったのは、ドキュメンタリー映画『A』（九八年公開、映像作家・森達也の実質デビュー作）で、森さんがオウムの内側に入り、オウムを観察することよりも、中に入っちゃってそこから見える外の社会を照らし見たことです。その発想の転換の面白さと、柔軟さ。あのオウムの中に入り込んで外を見るなんて発想を持っていた人は、今もそうでしょうが、あの時代にもいませんでした。「森達也の方法」と言うより「森達也という方法」と言いたくなるところがあった。そこに一番驚いたし、快哉を叫んだわけです、オウムをどうのこうの言う前に。そこには希望があるよ、昔からずっとそこにこそ希望があったんだよ、という唸りたくなる思いがありました。それで、別に自分は森さんが言うようにアカデミックでも何でもないけれど、「この人とは話ができるんじゃないか」と思ったのが、森さんに「インタビューで本を作らせてくれないか」という依頼状を書く一番のモチベーションになったんです。

話はちょっととびますが、あのとき一番印象に残ったのは、依頼状を書いてから半年近く、森さんから何の反応もなかったことです。半年も返事がなかったら普通は諦めますよね。だから、もうほとんど諦めていたところに、ある日、自宅のベランダで植木に水をやっていたら、部屋の中で電話が鳴った。慌てて戻って受話器を取ったら「森です」という、まるで以前から知っているような声がした。何だろうと思ったら、依頼状を読んだ、「正義論」はどうかと書いてあるけど、これについては別のところで話し尽くした感じがする、だから受けられるかどうかはわからないが、といったことを話してくれた後に「ともかく一度会って話をしましょう」ということになった。その段取りがまた面白かったんです。この空いた半年間は何だったんだろう。この人は、半年前に書いた依頼状を今初めて読んだのじゃないかと思って。

●森　依頼状は、洋泉社からじゃなくて今野さんから直接だった？

●**今野**　そうです。担当編集者が、ライターに任せ切ってくれるところのある人だったんです。でも、催促しないままで半年返事がこなかったら、普通はもう期待しませんよね。

●**森**　うーん。半年のタイムラグか。我ながらずれていますね。何を考えていたのだろう。

●**今野**　ねえ。でも、その森さんの、ちょっとハズレたところがぼくには面白くて、期待もし、緊張もしましたけれど、わりにリラックスして、打ち合わせに出向いたんです。依頼状はいつ読んだのかと聞いてやろうと思って（笑）。実際に聞いたかどうかは忘れちゃったけど。

●**森**　来た手紙はすぐに開封していますよ。ずっと考えていたのかな。……言い訳じゃないけれど、そうしたズレみたいなものは、いつも付きまとっています。サイクルが少し一般の人と違うようです。このズレが、仕事としていい方向につながっていくこともあるけれど、私生活というか日常はぐちゃぐちゃですよ。親しい人はあきれています。ずっと自分では気づいていなかったけれど、最近はさすがに自覚してきました。でも残念ながら、もうこれを修正できるような歳じゃない。

●**今野**　それは、ぼくに言わせると貴重というか、少なくても稀少であることは間違いないですね。いまのマスコミで、そういう人って、若い人とか、ぼくの知らない世代にはいるかもしれないけれど、少なくてもつきあってきた人の中にはほとんどいません。

●**森**　『A』とか『A2』（二〇〇一年公開、『A』の続編）もそうですけれど、メディアがさんざん取材していなくなった後に、焼け跡にとぼとぼとカメラを持っていって撮りました、みたいな作品なわけです。普通のメディアの感覚からすれば、確かに今頃何やっているんだと思われるかもしれない。

●今野　半年経ってから、それも電話で返事かよってわけですね。

●森　要するにトロいんです。機を見るに敏的な要素がほとんどない。みんなが動いているときに一緒に動けない。決して戦略じゃないです。一緒に動きたいと思っているんだけれど、なぜかズレてしまう。タブーに挑戦するとかなんとか、時おり勇ましい形容をされるけれど、挑戦しているわけじゃなくてタブーがよくわからないんです。作品を発表してから、あれはタブーだったのかって驚いています。

●今野　その気持ちはわかるような気がします。「みんなが動いている」ということを別の言葉で言うと、「命令されている」ということでしょう。ぼくもそれだけで嫌だなと思う子どもでした。内容的な当否は別にして、子どものころから「こうやれ」と親や先生に言われると、ただそれだけで、嫌になるというね。かと言って、命令されたことをやらないわけでもない。嫌だと思いながら、小さなところはむしろ優等生的に従うこともありました。自分にとっては、そのほうが問題だったので、大きくなってからは、反抗的な子どもに衣替えしましたが（笑）。でも、逆に変に楽天的なところもあったから、自分は人と違っていない、みんながそうなんだって勝手に思い込んで生きてきたところがあるんです。

それと同じような匂いを、森さんにはじめて会ったころの立居振舞に強く感じたことは確かです。この人は、オレをまだ信用してないなとか、疑っていそうだなとか、思ってはいるんですよ。そう思っているから、緊張もするけれど、極度にかたくならないですんだのは、この人にはどこかに自分と似たものがあると感じていたからです。

その感じる力はインテレクチュアルなものでも、ましてやアカデミックなものでもないです。つまり客観的な正誤に関わるようなものではなくて、敢えて言えば主観や共同主観にかかわる「からだ」の力です。それは、人間なら誰もが持っている力だし、それがあってこそ、呼びかける「ことば」や話す「ことば」が生まれてくる。森さんにはそこを刺激してくれるところがありました。

竹内敏晴（身体と言葉を常に意識した演出家。一九二五〜二〇〇九年。今野哲男に評伝の著作『竹内敏晴』がある。巻末の広告を参照）は、彼の追い求めた『レッスン』という場の営みで、この問題を、大くくりに「からだとことば」として対象化しました。人間はもともとそういう意味でインテレクチュアルではないけれど、しかし気のつく「からだ」と「ことば」を持っている。でも、みんなに通じるルールとしての「言葉」を使って集団に馴染み、規範に従ってでないと社会の中では生きていけない。その「言葉」と「ことば（≒からだ）」の狭間で生じるある危ういニュアンスみたいなものを、レッスンの「場」で人と出会うごとに、大事なものとして一から確かめようとした。

法然なんかも、その絶対なくてはならない「言葉」の必要性を意識しつつも、「ことば（≒からだ)」とは違う「言葉」の危うさをじゅうぶんに知っていた人ではないかと思います。ぼくは、そういう感じで受けとめているんですけど。

●森　ああ。やっと本題に入ってくれた(笑)。法然も親鸞も共通していますけれど、言葉の持つ危うさと豊かさ、そして他者に喚起する力というものをよく知っていた人だなというのは、たしかに感じますね。

▼法然と親鸞の言葉

●今野　森さんは『法然思想』連載の四回目で、最後の部分に「法然がこれ以上ないほどにユニークである理由は、その念仏を、信仰よりも高い優先順位に置くことすら厭わないことだ」と言い添えて筆を収められています(「語録を読む④優先順位」→82頁参照)。あれ、実によくわかる。でも、法然は、本当は「念仏もしなくたって構わない」とまで言いたかったんじゃないかと、そう突っ込んで疑いたくなるところもあります。もちろん、好意的に疑うわけですけれども。

法然が、もしできないのだったら念仏を唱えなくてもいい、思うだけでもいい、というところまでは引いておいて、でも念仏しなくてもいいんだという最後のところにまで踏み込まなかったのは、やっぱり「ことば」だけでは駄目で、社会に通用する最低限の「言葉」がないと人間は生きていけないということを知っていたからじゃないですか。つまり「ことば」を「言葉」にしたのが、彼の「念仏」なのではないでしょうか。だから「念仏」以上の「ことば」があることを知った上で、敢えて「専修念仏」と言ったのではないかと思います。そう考えると、その矛盾を呑み込むこの「嘘」めいた力には、倫理では届かない凄みがある。これは大袈裟に聞こえるかもしれませんが、遠く森さんの『ドキュメンタリーは嘘をつく』の「嘘」などにもつながっていることだと思います。

それに対して、親鸞という人は、そういう考え方をもっとアクチュアルにしたというか、その方向性を鮮明にした人なんでしょうね。身体化したと言ってもいいけれど。

●森　大衆向けにしたというか。

●今野　そういう意味じゃ、親鸞のほうがほんとうの「愚僧」ですよね。自覚的な「愚僧」。対して法然は、やっぱりインテリだという感じがします。だから、あれが限界だったけれど、法然の境遇というか当時の社会的な地位を考えると、彼の戦略がと言いますか、ここまで行くのが精一杯だったんだろうな、とその苦悩を考えたりもするんですけど。

●森　そこはなんとなくぼくも感じていました。

ちょっと話を戻しますが、今野さんが感じた「同じ匂いがする」的なことについては、たぶんぼくも同じなんです。ただ今野さんが、子どものころに先生から命令されることに対して直観的にいやだと感じたようなところは、ぼくには稀薄です。ぼくはその意味でとても従順で、集団活動が大好きなんです。でも結果としてずれてしまう。それがコンプレックスになった時期もありました。でも今野さんはそういう意味では、作為的にずらしてきた。

この違いを、ぼくと今野さんのあいだにある三つの歳の差に敷衍することはあまりに乱暴だけど、でもその問いを敢えて立ててみたい。単純な世代の差だけではなくて、それぞれの多感な時代の社会状況も浮き彫りになるからです。だからここでもう一度、今野さんが興味を持つ連合赤軍の事件について話したい。ぼくはリアルタイムできちんと受け取っていないんです。大人たちが騒いでいるなっていうレベルでしたから。でも今野さんの世代は違いますよね？

▼連合赤軍事件のうけとめ方

●今野　連合赤軍事件（一九七二年、左翼党派「連合赤軍」が警察に追い詰められ、軽井沢の「浅間山荘」に人質をとり武装して立てこもった事件、および同党派内部での同志殺害を含む粛清が発覚した事件）は、おおげさな言い方をすれば、ぼくの生涯を決めた最大のショックの一つです。あれで、それまで生きてきた世の中自体が変わった感じがしましたし、自分の中にできかけていた世界観がつぶされたと思いましたもの。個人的な事実を言えば、連赤の二年後、七四年に大学に入ってから、ほとんどなにもしない時期が四、五年は続いたんじゃないかな。

●森　それは世代全般ですか？　無力感みたいな？

●今野　無力感みたいな不毛な葛藤と闘った人は多いんじゃないですかね。年上ですが、連赤の連中とほぼ同世代の小説家の辻原登さんが、最近、ドストエフスキーにからめてそういう話をされるのを聞いて（『辻原登のカラマーゾフ新論』、光文社、二〇一七年）、ああこの人は自分と同時代の人だったんだなと思いました。

ぼくの場合は、どうやって抜け出そうかと考えて、抜け出しかけた先に、見つけたのが芝居だったんですけど。

●森　それで竹内敏晴さんの扉を叩いた。

●今野　ええ。でも、竹内さんのところには、何か策略があったり、プランがあったりして行ったわけじゃないんです。友人を介した「友だちつながり」的なほんの些細なきっかけがあっただけです。人から「こうしろ」と言われてやるのが嫌だということと同じで、やるやらないとは別に、恣意的な目的が先に立つ行動というか、それは本物じゃないという強い思い込みがあったんだと思います。困ったことに、いまでも半ばそう思っていますけど（笑）。
近代の問題の一つに、目的至上主義というものがあるでしょう。目的至上主義が為してきたことがすべて悪いとは言いませんけれど、そこから漏れ出るものにも大事な可能性があるということを、人間はしばしば簡単に忘れちゃう。それがこわいと、今でもそう思っています。

●森　現代を語るためには、戦後社会におけるターニングポイントとかエポックメイキングにふれることは必然です。だからオウムはもちろんだけど、連合赤軍も絶対に避けては通れない課題です。
同時に、いま言ったように、ぼく自身はスルッと来ちゃった感じがある。「あさま山荘」のときには、ぼくは中学生でしたけれど、周りの大人たちの間で、「学生がんばれ」的な気分があったように感じていました。でも、山岳ベースでの粛清殺人が新聞に載ったあたりから、ガラッと雰囲気が変わったなというのを、子ども心に感じました。温度が十度くらい一気に低くなったような感じがすごくして。

明らかに、時代が軋みながらギアを変えた瞬間です。人々の感性、というか感受性も変わったと思う。「連合赤軍」はもちろん日本国内、ドメスティックな事件だけど、世界的にも学生運動はカウンター・カルチャーとして盛んな時代でした。ならばこの事件を、世界はどのように受け止めたのでしょう？　日本赤軍に刺激されて誕生したドイツ赤軍が、一九七〇年代後半にはハイジャックなど数々のテロ事件を起こしていますが……。

●今野　当時の世界の事情については、ぼくには語る資格も力もないです。金原瑞人さん（英米文学翻訳家、児童文学研究家。小説家・金原ひとみの父）にインタビューして『大人になれないまま成熟するために』（洋泉社新書y、二〇〇四年）という本を作ったときに、アメリカのカウンター・カルチャーを中心に、教えてもらいながら少しは一緒に考えたことがあるていどですから。

ただ、世界の動きにシンクロして高揚していたものが連合赤軍で一挙に落ち込んだという経験は、日本にとって大きかったとは思います。ほかの国は、熱が冷めるにしても、もっと緩やかに落ち込んで行ったんじゃないですか。あの一瞬にして生じた落差の経験は、他の国にはあまりなかったのではないでしょうか。

当時、『世にも怪奇な物語』（一九六七年）というホラーの先駆けのような仏伊合作のオムニバス映画があって、その中の一本にフェリーニの「悪魔の首飾り」という短編が入っていたんです。そのラストに、フェラーリのカブリオーレか何かに乗ったテレンス・スタンプが、真っ二つに切断された高速道路を、深い溝を作って断崖越しに続いている向こう側に向かって、何かに憑かれたように突っ走って行くシーンがありました。空中をジャンプした後に、警告板らしきものをつけて張られている向こう側の細いワイヤーロープに首を切断されて一瞬にして果てるというかなり悪趣味なシーンです。ぼくは、連赤の後に二番館で観たんですけど、何かフェリーニに、いまの自分や自分がいる社会を見透かされ嘲られたように思って、すえた臭いのする場末の映画館を、落ち込んだ気分で出たことを覚えています。

●森　『世にも怪奇な物語』は高校生の頃に名画座で観ました。その前に観て衝撃を受けた『イージー・ライダー』のピーター・フォンダが出演していたので。でもフェリーニのそのシーンは覚えていないです。それも感性の違いですね。六〇年代後半から七〇年代前半は、世界各地で学生たちが国家や体制へ左翼運動の形で疑義を呈していた。ところが日本の場合は、「連合赤軍」という現象で大きく水をかけられた。それによって、日本の独自の路線みたいなものが、そこから枝分かれしてしまった。そういう見方は間違っていますか？

▼全共闘やべ平連の「ゆるさ」

●今野　間違っているかどうかは別にして、少なくとも、ぼくの認識ではそうです。その前までは、いわゆる新左翼系の「全共闘」(「全学共闘会議」の略、大学別に存在した党派を超えた組織)のとくにノンセクトと呼ばれていた人たちや、市民運動の「べ平連」(ベトナムに平和を！　市民連合)といったところの面々は、旧左翼の社会党や共産党に比べて「ゆるかった」んです、すごく。象徴的に言うと、全共闘のデモにみんなで行こうかというときに、「おれは、今日はデートがあるから行かない」と言うスタイリッシュな「個」の論理が、平気で通用するようなところがあった。それまでの左翼は「それは統制違反だろう」とか、「しなければ処罰をする」とか、そういう発想に傾きがちな印象があったのに。でも、六〇年代後半から七〇年代にかけて、連赤が起きる前までは新左翼のセクトの中でさえ、そういう人がいたと思います。

べ平連は、知っている限りではもっとゆるい感じでして、ぼくも高校時代に仙台で勝手にべ平連を名乗っていた時期があるのですが、リーダー役になる友人が一人いて、高校が「元茶畑」という場所にあったので「茶畑べ平連」という架空の組織を作り、「この指とまれ」とやった。名乗ってしまえば、それだけで「べ平連」になるという時代で、仲間四、五人で一緒に大学の構内に出向き、セクトのデモに合流することもありました。後に一緒に活動するようになった仲間の一人は、手作りの大きなべ平連と書いた旗を振り、Gパンの腰ポケットに三島由紀夫の『憂国』

の文庫本を突っ込んでいました。三島が監督・主演した短編映画『憂國』を自主上映しようと思っていたんです。そういう自由がありましたし、ある意味では、いい加減でもあった。

それでデモをするでしょ。ぼくは情けないことに投げた石が誰かに当たった痛さを想像して投げられなかったんですけど、デモ隊が盛んに投石したり、機動隊の装甲車がサーチライトに照らされて放水を繰り返すなかで、舞台になった繁華街にある小さな町工場や商店などはシャッターを下ろして全部臨時休業するわけです。で、普通は迷惑だと思うじゃないですか。でも、迷惑だと思っているとぼくらが思い込んでいた町工場の社長さんなどから、べ平連に加わる人が出てきたりすることがあった。高校生のぼくらもよく行っていた社会人が中心だった「仙台べ平連」の一番活動的だった人は、もともとは自民党の支持者だったかのような町工場の経営者でした。そのおじさんが活動を始めたきっかけは、学生のデモなんです。仕事の邪魔をしないでくれとデモ隊の学生に文句をつけ、直接話したのがきっかけになってべ平連に入っちゃったという話でした。そういうことがたぶん日本各地で起こっていた。

つまり、学生たちは、日常生活の損得とかそういうこととは別の次元で、純粋な気持ちでやっているんだという国民的な思い込みというか……。

●杉山　シンパシーがあったということですね？

●今野　あったんですね。その裏には学生がまだまだエリートだったという事情もあったとは思いますが（「文部統計要覧」による一九七〇年の男女合わせた大学進学率は、一七・一パーセント）。あのころは、戦後もまだ二十五年という感じがあって、社会党（日本社会党。今の民進党と社民党の源流になった政党の一つ）の長期低落傾向は続いていたけれど、国会の議席三分の一の死守を目指す護憲政党としてはまだまだ元気でしたし、経済企画庁が、経済白書の結びで「もはや戦後ではない」ととぼけたことを書いたのがその十五年前の一九五六年ですから「戦争が終わって四半世紀だ。戦争のことはいい加減に忘れろ」などという大人も多かったけれど、記憶が薄れたとは言え、まだ戦争で受けた傷が生々しく残ってもいたんだと思います。

それが、「あさま山荘」の後で、連赤の同志殺害が明らかになったときに、ガクッと膝が折れるような具合に冷え込んだ。

▼「ゆるい流れ」がなくなってしまった

●森　二年前にノンフィクション作家の吉岡忍さんから、福島第一原発の周辺に行こうと誘われました。立ち入り禁止区域に時間を制限されながら入りました。このときは年配の男女十人くらいと編集者たちが何台かの車に分乗して行ったのだけど、その男女の多くが元べ平連だと、福島に着いてから知りました。ぼくの隣に座っていた男性が、黒人米兵の脱走を手助けしたときのドライバー役だったとか、伝説の男と女たちみたいな感じで、ちょっと高揚しました。考えたら吉岡さんも、かつてはべ平連の貴公子と言われていたし、今も彼らと付き合いがあることは当たり前なのだけど。

今はみんな、ふつうに生活人でもある。ただその時もやっぱり「あさま山荘」の話になって、ちょっとみんな口ごもったりもしましたね。

その少し後に北朝鮮に行きました。「よど号」をハイジャックした人たち（一九七〇年、赤軍派の学生九人が日航機「よど号」をハイジャックし、北朝鮮に渡った事件のメンバー）の家というか宿泊施設に泊めてもらっていろいろ話したけれど、やはり当時のままフリーズになっている要素はありますね。だって彼らは日本に一度も帰国できていないし、北朝鮮国内にいるかぎり、外部の情報は相当に制限されてるのだから。

それに比べると、ほぼ同世代のべ平連の人たちからは、やっぱり生活と時間の経過をすごく感じました。……とても当たり前のことを言っていますね。それともべ平連には最初からゆるさみたいなものがあったのかな。赤軍派は兵士だけど彼らは市民ですから。

●今野　ええ。そうさせたのには、「べ平連」のアイディアを実現した人たち、鶴見俊輔とか、開高健とか小田実とかいった人たちが、出来合いのイデオロギーとは、それなりの距離を保った人たちだったということもあるでしょうね。あのころの鶴見さんには、『右であれ左であれ、わが祖国』（平凡社、一九七一年）という題名の、ジョージ・オーウェルの評論集の編訳があるくらいですし。ぼくも、彼と保守派の大姉御と見做されていた上坂冬子さんが対談した新書を作ったことがありますが（『対論・異色昭和史』、ＰＨＰ新書、二〇〇九年）、その上坂さんのデビュー作は、トヨタ自動車在職中に書いて、鶴見さんたちが始めた『思想の科学』誌の新人賞をもらった「職

連合赤軍関係図

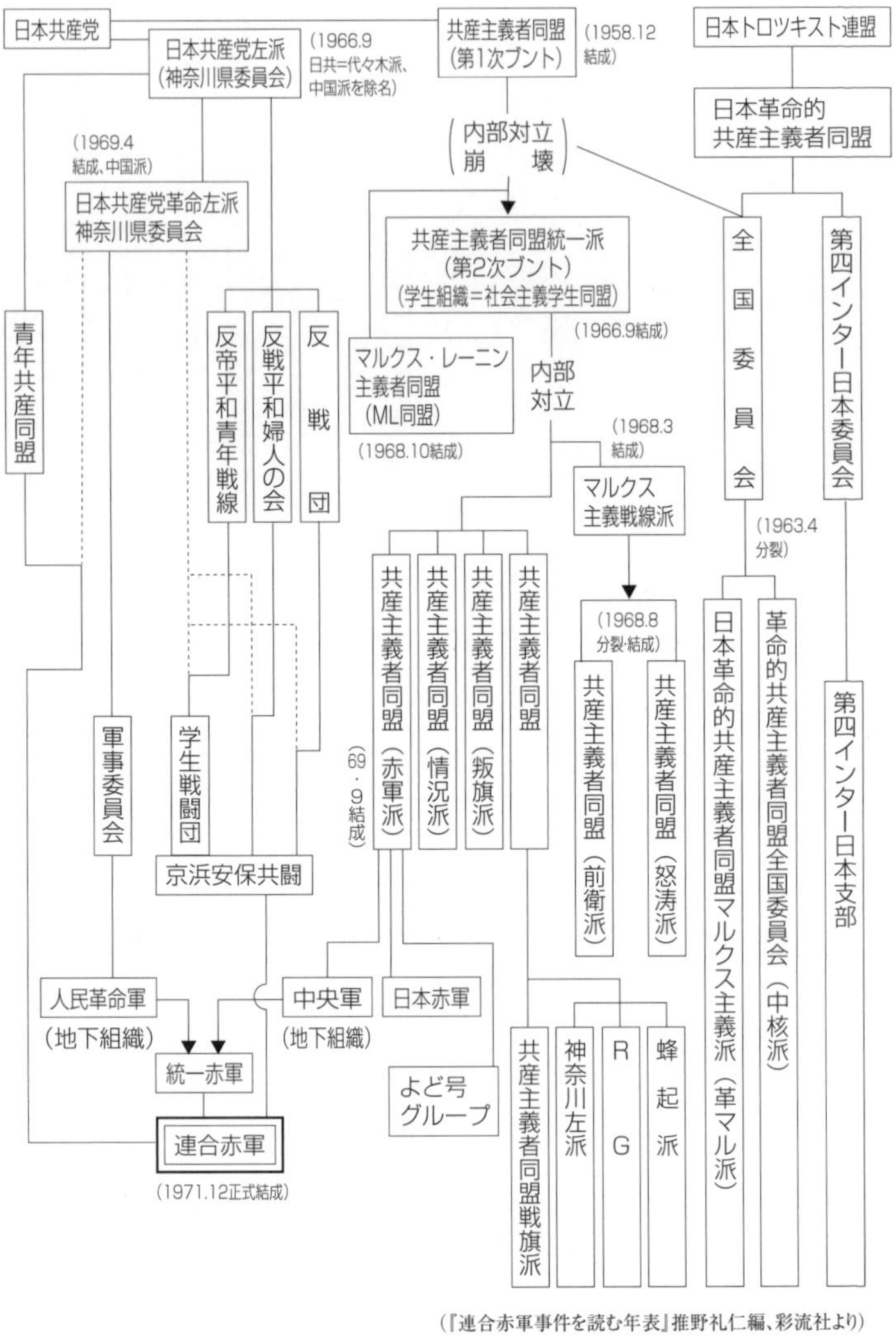

（『連合赤軍事件を読む年表』推野礼仁編、彩流社より）

場の群像」というノンフィクションです。ともかく、鶴見さんには気質的に反イデオロギー的といってもいいところがあったと思う。共産主義に対するシンパシーは十分以上に持っていたと思うけれど、思想的にはアメリカ起源のプラグマティズムで最後まで変わらなかった。やっぱり、そういう市民社会風の自由な風が吹いていていたんです、ベ平連には。

●森　小田実さんも「なんでもみてやろう」だものね。

●今野　そうですね。だから、悪く言えば、その後の大量消費時代につながる、自己肯定的でときにちゃらんぽらんでもある、若者気質から始まっている流れがあるんですよね。そういうゆい流れが、その人たちが変わったということとは別に、少なくとも表向きには見えなくなった。それが七二年から後の難しさでしょう。

●森　ゆるさとはゆとりと同義なのかな。ただしベ平連も結局は連赤の山岳ベース事件で……。

●今野　……しぼんだことは確かでしょうね。ぼくなどは、あのときの意気消沈以来、いまだに一度もデモに参加していないですから……。もちろん、自分のやってきたことをすぐに放り投げずに真摯に考え続ける人はたくさんいました。でも、多くの人が視野狭窄気味になって全体的にはしぼんでいった。

●杉山　新左翼はその後、内ゲバの時代に入っていきますよね（革マル派vs中核派、革マル派vs社青同解放派）。海外に出た日本赤軍は七二年にテルアビブで銃を乱射する事件を起こしたり、一匹狼的な東アジア反日武装戦線が連続企業の爆破を狙ったりして（七四年）、要は大衆から孤立していきました。

▼タナトスが増大してきた

●**今野**　あくまで一つの見方に過ぎませんけど、連赤のショックの前は、反権力的な運動のなかに、エロス（生の力）というのか、コケティッシュな色っぽさのモメントを大事にする部分がかなりあったと思うんです。六〇年代末には、フリーセックスがずいぶん喧伝されて、セクスロジストの高橋鉄なんかを読む若者がいたし、彼は、大島渚が一九六九年に、当時の若者の間で文学的な英雄だった同性愛者ジュネの『泥棒日記』を意識して作った『新宿泥棒日記』という映画に「性科学者　高橋鉄氏」として登場しています。ライヒの『性と文化の革命』などもよく読まれていました。さっき言ったデートをデモより優先するなんてことも、矮小かもしれませんが、そういった時代的な気取りの現れの一つじゃないかと思います。エロスのエネルギーというのは、基本は差別的じゃありませんから、誰にでも向けられるというところがある。セクトであろうが、ノンイデオロギーであろうが、一緒にデモできるんであればそれでいいじゃないかという、ある意味で野放図な力があるわけですよね。

そのエロスの力がそがれてしまって、連赤のあとには、東アジア反日武装戦線の「大地の牙」とか「狼」とか「さそり」とか、要するにテロを志向した連中が相当執拗に戦いを続けましたよね。彼らにあったのは、そういう開かれたエロスの力とか、革命がエロスだという幻想などではなく、森さんの最近の小説『チャンキ』で言えば、むしろタナトス（死への衝動）の力だったように思うんです。あのころからタナトスが増えだし、今のイスラム国にもそういうところが感じられますが、それは世界的にも、世紀をまたぎ、グローバリゼーションの波に巻き込まれて、さまざまなレベルで増え続けているように思います。

でも、最近になってやっと、さすがにこの底の抜けたような危機はヤバいんじゃないのって、日本の場合はたとえばＳＥＡＬＤｓ（二〇一五年の安保法制反対運動を担った学生組織。二〇一六年解散）のような動きが出てきた。森さんも書いてましたけど、あの二十二歳の若くてセクシーな奥田愛基が、国会議員に向かって「国会議員や政治家として発言する前に、個人として発言することがあるだろう」と言い放った。つまり二十年、三十年にわたって沈黙していた「べ平連」的な「個」ないしは「孤」の動きが、去年、一昨年あたりから、何らかの経路をたどって、息を吹き返しかけているというふうに見えなくもないです。

▼マニュアルライクな若者は希望か？

●**今野**　ここで、イントロで出たコンビニの話につなげると、ぼくはコンビニに居場所を見つける若者の気持ちが、ある意味ではよくわかるんです。コンビニってマニュアルライクな場所で、消費者にとっては表向きすべてが予測可能なシステムになっているじゃないですか。だから、売る側に個人の自由な意図が働く余地があまりない。別の言い方をすると、その場にいる店員たちに人格的な責任を要求するような、そういう個性含みのコミュニケーションをさせない。あくまでも、誰もがマニュアル通り。だからさっきの言い方でいうと、客にとっては「こうしなさい」と命令されるような、人格的な圧力が逆に薄いとも言えるわけですね。

一昔前、コンビニの前でウンコ座りする連中がいて「うざい」と言われたものですが、とにかくいまの若者は、押しなべてマニュアルライクな風に吹かれて育っていますから、ある場合はそういうコンビニが楽だ、むしろ自然だという気持ちがあるんだと思う。

電車で若い女の子たちが化粧をするでしょう、あれが現われた頃、すごい抵抗があったですよね。ところが、若い子に言わせると「何が悪いの」となる。それはある意味では彼らにとっては正しいのかなと、ぼくは最近では思っています。「嫌だな」と思ったのは、本来は個室、プライベートな限られた空間でやるべき化粧を公の場所でやる神経が、何か自分の持つ文化に対して攻撃を仕掛けてくるようで、それが「怖い」、「嫌だ」と感じるところがあったからだと思いますけど、考えてみたら、隣で女の子が鏡を見て化粧をしていたからといって、別に怖がることはないんです。だって彼女らの感性は、電車中で化粧するときには、自動的に見えない壁を作るように予めセットされているし、それがダメだという教育も受けていないわけです。つまり、コンパクトやツケマを取り出した途端に、ゆるい自室モードのようなものにすっと入っちゃうわけですね、実際に隣に人が座っていても。スマホ・モードにも似たところがありますけども。それなら、相手の気分を害さない限り何も怖がる必要はないし、最近の「ツケマ」はどうなってるんだろうなんて、「きゃりーぱみゅぱみゅ」の歌を思い出しながら、横目で見て面白がることもできる（笑）。

●森　少なくとも実害はないです。

●今野　あるとしたらモラルかな。公共のルールを破っているということでしょう。でも、そのルールが、実際にはどこかのマニュアルに明文化されているわけじゃない。だから、やったっていいということになるし、慣れてくればみんな平気でいるわけですよ。

ぼくが、いまでも、ちょっと抵抗を感じるのは車中で食べること。でも食べるにしたって、プレカリアートという言葉がありますが、いまは電車の中ででも食事するしかない連中がけっこういたりもするのかな、なんて考えると、目くじら立てられるような話じゃない、そんなことを気にするくらいなら、もっと気にすべき大事なことがたくさんあると思うし。だから、そういうコンビニだからこそ落ち着けるということは、ある意味でわかります。

それから『逃げ恥』の契約結婚の話ですが、契約結婚してセックスをしない、そのセックスしないということは、逆に言えば、セックスはまだ生のコミュニケーションとして大事にとっておきたいという感じが、若い人たちのなかにあるのかなと、そういう感じがして、それなら自分たちの世代よりもよっぽどピュアだし、こう言っちゃおかしいけど、希望の芽として考えてもいいんじゃないかと。

でも、そういう若者たちが、たとえばＩＳ（イスラミック・ステイト＝「イスラム国」）に対して無差別に爆撃して憚らないような連中を、ストレートに応援もするのかなと思うと、不安になることも事実です。ただ、そうした若者を全否定はしないでおきたいという感じが、半分、いや半分以上はあるのも正直なところですね。

▼マニュアル通りの若者たちがマジョリティになったとき

●森　電車の中でお化粧することがどうして悪いのかと訊かれたとき、本音としての答えは「見ていて気分が悪いから」です。これに対して「そっちの感覚の問題でしょ」って言われたら、言い返せない。確かに嗜みとか礼節とか品位とかいろいろ言葉は出てくるけど、世の中はどんどん変わっているわけで、電車の中で化粧することの自由もある。

でもコンビニの前でたむろしていることが、マニュアルライクにやっているほうが楽だとの意味付けならば、全面的な同意はできないです。だって今野さんが今指摘したように、たとえばISを空爆しようとか原発を全面的に再稼働しようとか、あるいは共謀罪で思想的に偏向している人を片っ端から検挙しようなどと政治家が決めたとき、なんら意思表示をしない可能性がある。もちろん賛成ではない。でも反対もしない。

投票率が先進国では異例なほどに低いという事実は、結局のところそうしたマジョリティが意思決定を放棄しているということですよね。要するにお上任せ。ゴルバチョフが「我が国は社会主義に失敗したが日本は成功した」と言ったとのジョークがあるけれど、確かに為政者からすればとても管理しやすい国です。

イラク戦争でアメリカはイラク統治に失敗しました。フセイン政権は瓦解したけれど、イラク国民の多くは、占領軍に抵抗し続けた。GHQが日本を支配したときとはまったく違います。宗教が違うと指摘する人がいるかもしれないけれど、日本だって当時は天皇を頂点とした国家神道です。これはきわめて一神教的な側面があった。でもあっさりと移譲された統治権力に従属した。戦中は「鬼畜米英」だったけれど、戦後はあっさりと「神さま仏さまマッカーサーさま」に宗旨替えができる。個が弱いから集団としてまとまりやすい。ただしこれを民族のDNA的な発想で説明はしたくない。文化であり空気だと思っています。だから変わる可能性は、もちろんないわけではない。

今野さんの言うように希望もあるかもしれないけれど、マニュアル通りにやってきた若い世代が社会のマジョリティになったとき、コペルニクス的にこの国の空気や習俗を変えるとは思えない。そこでどういう社会になるか、どういう未来になるかという変数を、今日はいろいろ話してみたいと思います。

▼七〇年代、八〇年代の俯瞰図

●森　この国のエポック・メーキング的な足跡を振り返ったとき、連合赤軍の事件の意味は確かに大きかった。セクトとノンセクトも含めて、特に党派性的な動きをしていた人は大きな打撃を受け、個々の感受性も変質し、それまで全共闘をどこかで応援していたサラリーマンとか八百屋のおじさんとか、つまり市民感覚が、事件を契機に変わりました。

特に欧米で学生運動や反権力的な若い世代のモチベーションが滾っていた時代に、日本はいち早く〝店じまい〟してしまったわけですね。不思議だけど日本って早いんです。例えば水俣病は公式に認定された世界初の公害です。地下鉄サリン事件から六年が過ぎてからアメリカ同時多発テロが起きました。そして今のところは、原爆という大量破壊兵器の被害を実際に体験した唯一の国です。良い悪いを含めて世界の反面教師的な立ち回りだなと感じていたので、そのあたりは今野さんが読んでくれた『チャンキ』のモチーフの一つになっています。

話が拡散するので戻します。連合赤軍後に日本社会はどのように変わったのか。少し年上の今野さんにその感覚を訊いてみたい。

●今野　七〇年代のぼくの体験を言えば、大学にぼくは二浪したので七四年に入ってるんです。そのとき世間はぼくらの世代をなんて言っていたかというと、全共闘の残党とか、そういう言い方はほとんどなくて、「シラケ世代」です。
あの頃のことでよく覚えているものの一つに、たとえば、♪のんびり行こうよ俺たちは♪、と歌っていたコマーシャル映像があります。スズキヒロミツ（歌手、俳優）が、炎天下、何の目的があるか知らないけれども、田舎の国道らしきところを、エンコしたと思しい車を押しながら、ただ歩いているんです。少しわざとらしさがあって別に好きだったわけではないのですが、ぼくもそのころ東京に出てきて、夏休みに友だちと二人で仙台まで歩いて帰ろうと、意味もなく十日間ほど太平洋の海岸沿いを歩いたことがあります。そういうことをしていたし、そういう他愛ないことを喜んでやる世代だと見られてもいましたね。

連赤後にあっという間にそうなっちゃったという感じがあります。偉そうに言うと、意味が過剰で理路がリニアだった議論好きの六〇年代から七〇年代始めにかけての窮屈な空気から、束の間、解放されたとでもいうか。あのころに荒井由実（松任谷由実＝ユーミン）をはじめ、憂歌団の「おそうじオバチャン」やサザンの「勝手にシンドバッド」などを聴いて狂喜したことが、そういうポストモダン風の「意味嫌い」や「意味離れ」と繋がっていたことを、今でも「からだ」が覚えています。

ぼくの場合は、七〇年代半ば以降のシラケていた時代に何をしていたかというと、なにもしないで、引きこもっていただけです、ほとんど。大学には八年間いましたが、最終的には除籍されました。授業料を収めないで何回も督促が来て、放っておいたら放校されていたという感じでした。そうなる前の七〇年代の末に、竹内敏晴さんのところでぼちぼち芝居を始めてはいましたが。

その竹内さんは、八〇年代を通して反時代的な演劇活動をやっていました。具体的に言うと、自分のところに集まって来る、ぼくみたいなそれぞれの六〇年代や七〇年代を引きずって、ある意味落ちこぼれていた若者たちを含めて、自分たちで一年間金を貯めさせ、その金でアドホックな組織とその年ごとの芝居を作って、一年に一度トラック仕立てで大阪の湊川というところにある定時制の高校に持って行った。そこは、被差別部落の子弟が多い地域で、彼らはゴンタって呼ばれていたのですが、「芝居を観ろ」ってただ言われても観ないような連中なんです。考えてみると、まるでぼくみたいですね（笑）。だから、自分がつまんなきゃ平気でいなくなっちゃう夜学の高校生を相手に、日本の反転した写し絵のような負のエネルギーに満ちた彼らの前で、やってやろうじゃないかという感じで、半分は喧嘩みたいな芝居を打つわけです。その芝居が、ある意味で研ぎ澄まされた観客とも言える彼らに、通じることだけをただ求めてね。

当時、その湊川高校に授業に入っていた宮城教育大の学長で、かつては全共闘の全学封鎖にあたってバリケードの中に一人乗り込み、学生たちと最後まで話し合い、結果的に彼らの自主解除を実現したことで知られていた林竹二さんの関係で、党派の匂いが多少ある先生たちと竹内さんとの間につながりができて、彼はそこに都合十年間ほど行ったのですが、あれはすごく反時代的なことだったと思います。一方ではスズキヒロミツのコマーシャル映像や、「勝手にシンドバッド」などで周囲がまったりと盛り上がっていた時代に、六〇年代末の匂いがプンプンのことをしていたわけですから。

だから、その当時の日本のことをどれだけ詳しく知ってるかというと、そういう芝居や引きこもりをしていたくらいですから決して詳しくはないんですが、たとえば七〇年代の中盤に村上龍と村上春樹が登場してきたわけです。それから音楽でいったら荒井由実《ユーミン》の後ろに、全共闘とほぼ同じ世代のムーンライダーズの鈴木慶一とか、それからかつては全共闘のヒーローだったフォーク歌手の岡林信康のバックをつとめていた「はっぴいえんど」の細野晴臣などが控えていて、少しすると細野は出所の異なる坂本龍一や高橋幸宏と手を組んでＹＭＯに変身し、世界に飛躍してみせるといった、そういう幅のある時代でした。八〇年代には忌野清志郎があらためて注目されたり、ブルーハーツがデビューしたりと、ある意味で予測不能な、とても活気のあった時代で、一言でいえばフォーク世代に代表される最初はドメスティックで幼かった若者たちの大衆文化が、Jポップに向かってだんだん成熟していき、その勢いがどこかで捩れてジュリアナの狂い咲きを呼んでバブルの崩壊に巻き込まれ、あとは、「眠れる日本」というか「失われた十年」、それが知らないうちに「二十年」になって、ひょっとしていまは「失われた三十年」になりつつあるのかもしれない。そういう感じで動いてきたのかなという気がします。

歌手で言うと、九〇年代のどん詰まり、九五年にＷＩＮＤＯＷＳ95が出て日本中のオフィスにあっという間にパソコンが並び、そろそろミレニアムが囁かれ出した九八年に、全共闘時代の若く代表的な演歌歌手だった藤圭子の娘で、アメリカで生まれ育った宇多田ヒカルが、何か象徴的な「Automatic/time will tell」という曲で、忘れていたゴジラの逆襲みたいな日本デビューを果たしたのが印象的でした。その彼女が、「花束を君に」（二〇一六年）で、今になって母を歌うようになったことも、ボブ・ディランや中島みゆきの歌を意識して言えば、回る時代のめぐり合わせというか、子の世代が親の思い出に涙しているようで感慨が深いです。

▼そして「オウム」

●森　ならばその俯瞰図において、九五年の「地下鉄サリン事件」の衝撃や影響は、今野さん的にはどう位置づけられますか？

●今野　それが、ぼくあんまり……。

●森　もう一度確認します。僕と今野さんの大きな差異なので。エポックメイキング的なものは感じなかった？

●今野　引きこもり以来、正直、下界への感度がずっと鈍かった……。あまり感じなかったんだと思います。覚えているのは、麻原彰晃が選挙運動（一九九〇年、オウム真理教が「真理党」として衆議院選挙に立候補した）をしたとき、それを生理的に嫌がっていた友だちがいた、というくらいでしょうか。ぼくはそんなに気にならなかったけれど「ショコ、ショコ、ショウコウ」っていう叫びが嫌でたまんないという友だちがいたのを覚えているていどです。

あとは、サリン事件は、朝のことでしょ。そのころは出版社にいましたから、ニュース映像以外で覚えているのは、出勤時でサリンが撒かれた一つ前の電車に乗っていたという人が、職場に複数いたことぐらいです。だから、サリンとかオウムとかに興味を持つようになったのは、森さんの活動を知ってからです。ガスというサリンの瞠目すべき特性にも、当初はとくに不安を覚えることがなかったと思います。

●森　むしろ嫌悪感というか忌避感というのが強かった？

●今野　忌避感までもいかなかったです。むしろアパシーじゃないかな。情けないですが。

●森　意欲の低下？　……確かにバカバカしいって感じはありましたね。「ショウコウ、ショウコウ」も含めて、いい年をした大人が何をやってるんだろうっていう感覚は否定できないです。これは連赤とかなり違う。

●今野　ええ。でもわからないことへの苛立ちさえ、あまりなかったんじゃないかな。麻原彰晃一派の動きを見ていて、何が彼らを動かしているんだろうといったことがまずわからないわけだけれど、じゃあそれを知りたいという積極的な興味も沸かなかった。

●森　要するに興味がなかった。事件発生時に限れば、ぼくもほとんど同じ感覚です。わけのわからない集団。でもわかりたいとも特には思わない。ならばなぜ関わりを持つようになったかといえば、当時はテレビ・ディレクターだったからです。九五年三月二十日以降、メディアはオウム一色でした。オウムを忌避していては仕事にならない。だから撮り始めた。でも気がついたら、オウム施設の中で一人でカメラを回していた。強い信念やモティベーションなど欠片もなかったです。みんなで一緒に集団行動しているつもりが、いつのまにか組織からはじき出されていた。やっぱりズレちゃった。

●今野　そこで、ぼくにとって大切なのは、森さんがテレビの契約社員をしていたときに、スタッフのみんながオウムの取材に出払うなかで、森さん一人だけが一カ月だったか、スタッフルームで資料ばかりを読んでいた、ということを知ったことでした。そこがすごく印象的です。『こころをさなき世界のために――親鸞から学ぶ地球幼年期のメソッド』にも書いてあったと思いますが、それは目的があって資料を読むという意志的な行為をしたわけではなくて、ただ動けなかった、とおっしゃっていた。その動けなかったという感覚が、自分にとっても大事だったと。たとえばそれは、法然や親鸞が言っていることにも相通じる何かがあるのだろうなという感じを、漠然とですが受けました。

もう一つは、最初、荒木浩さん（オウム真理教の広報部、映画『A』の主人公）に取材依頼の手紙を書いたということ。あのようなときの取材依頼は、電話やFAXですませるのが普通なんじゃないですか。特にテレビは、手紙を書いている暇なんてないと思う。出版社にいたぼくでもそう思うくらいだから、テレビはもっとそうでしょう。なのに、森さんは手紙を書いている。ぼくの依頼状には返事をくれなかったのに（笑）。

▼オウムへの取材――ドキュメンタリーの流儀

●森　実は根に持っていますね（笑）。一般的なドキュメンタリーの流儀として、最初に手紙を書くことは、あの時代ならふつうです。いきなりFAXしたり電話したりして、あなたをテレビ・ドキュメンタリーで撮りたいと言われてOKする人はいないわけですから。

●今野　なるほど。こっちの動機もあまり説明できないですものね。

●森　自分がどういう者で、どういう思いで撮りたいのかということを、まずは相手に伝えたうえで交渉に入る。当たり前ですよね。あのころは報道系の番組がメインのフィールドでしたが、ドキュメンタリーならばちゃんと手紙を書こうと思ったんです。それまでの手法の延長でしかない。

結果、荒木さんから返事が来て、会って二回目に撮影することを承諾してもらった。なぜぼくだけがと思って訊いたら、「だって手紙をくれたのは森さんだけです」と言われました。ドキュメンタリーを撮りたいとのオファーも、ぼく以外からはなかったとも。ちょっと驚きました。テレビメディアに帰属する人たちは、なぜ手紙を出さなかったのか。あれほどに大きな報道の中心にある集団なのに、なぜドキュメンタリーを撮ろうと発想しなかったのか。

昨年、指定暴力団の構成員たちをドキュメンタリーの被写体にした東海テレビが評判になったけれど（『ヤクザと憲法』）、この番組と映画が話題になった理由は、テレビ・メディアがそれまで、暴力団員を反社会的勢力として撮らなかったからです。反社会的な存在であることは確かです。でもそれは撮らない理由にならない。むしろ撮るべきです。でもテレビではそれができない。視聴者から抗議が来るとかスポンサーが嫌がるとかの本音を、反社会的勢力を正当化するとか密接な関係を結ぶべきではないなどの建前でコーティングする。特に報道はこの傾向が強いから、その保身の意識が、地下鉄サリン事件直後に大きく働いて、テレビ・ドキュメンタリストたちは萎縮してしまった。逆にいうと、僕はやっぱり（報道的な感覚から）ずれてしまった、ということなのかもしれない。

●今野　森さん流に言えばね。でも外から見る読者として言えば、そのスライドできなかった森さんのドキュメンタリーにこだわったやり方が、ともかくただ一つオウムに通じたわけですよね。

●森　結果的にはそうですね。

●今野　つまり、まずコミュニケーションしようとしたわけでしょ。それって、いくら強調しても強調し切れないほど大事なことだと思います。犯罪者相手にはコミュニケーションしなくていいなんてことに納得していたら、世の中は終わりです。近代国民国家では、わからない人たちこそが、わかり合わないといけない。同意は必ずしもしなくてもいいけれども、わかり合おうとする努力はしなくちゃ。国民国家は、もともとがフィクション臭くて、フィクションなしには成り立たないところがありますから、その努力をたとえする振りだけになっても続ける俠気のようなものが欲しいと思います。フィクションを使っても、たとえ嘘を使っても、コミュニケーションしようとお互いが思えるような環境を、どうして仕立てようかと考え、画策するのが、ジャーナリストであれ、あるいは森さんの言うドキュメンタリストであれ、大きな職業的な責任の一つだと思います。それは相手が捕まった犯罪者であっても同じです。結果的に森さんは、その犯罪者集団と目される人たちとコミュニケーションを交わすところまでいった。それは意図的じゃないと森さんは言うけれど、それってやっぱり大切だなと思ったし、今もそう思います。

●森　日本社会は一色になりやすい。それはもちろんメディアも同じです。だからオウムに限らず大きな事件が起きたとき、視点や捉え方が一律になってしまう。本来なら他社がやらないスクープは名誉なのだけど、その原則が他と違うことをしてしまうことの不安に屈してしまう。

手紙を書くということは、コミュニケーションやネゴシエーションを意味します。だからこそ絶対的な悪とコミュニケーションすべきではないとの建前と衝突してしまう。地下鉄サリン事件の翌年に、在ペルー日本大使公邸占拠事件が起きました。このときはテレビ朝日のニュースネットワークとして現地にいた広島ホームテレビのディレクターが、公邸に人質と共に立てこもる左翼武装組織のトゥパク・アマルに交渉して中に入り、リーダーのインタビューに成功したのだけど、結果としてテレビ朝日はこの映像を封印して謝罪しました。オンエアしなかった理由は、トゥパク・アマルのプロパガンダになるから、だったと記憶しています。

そこで思い出すのは、坂本弁護士一家殺害事件のきっかけに、TBSが結果として関与していたことが明らかになった事件です。メディアはTBSを叩きながら萎縮しました。なぜならオウムへの取材は本当に常軌を逸していたから、叩けば自分たちもいくらでも埃が出るわけです。だから一斉に萎縮して、幹部のインタビューなどは視聴者への洗脳になるとの理由でオンエアされなくなりました。あきれます。ならば何も取材できなくなる。何よりも視聴者をバカにしています。いまのIS（イスラム国）とかに対しても、単独で取材しようとしたジャーナリストなどが叩かれる傾向があるけれど、これはオウム以降です。

こうした現象は、集団の空気に従属しやすい日本だからという部分もあると思います。仮にもし海外でオウム真理教の事件が起きていれば、アメリカやヨーロッパで、ぼくみたいな手法を取る人はふつうにいたと思う。

そういう意味では、偶然日本に生まれて、偶然テレビの仕事をやっていて、気がついたらこんなふうになっちゃいましたというのが、嘘偽りない感覚なんです。

▼宗教者としての実力

●森　ちょっと話を戻しますが、さっき今野さんも指摘されたけれど、オウム内部には事件に至る経緯やメカニズムで、確固とした内実は稀薄です。日本社会を転覆しようと本気で考えていたのか。だとしたら、その思想的裏付けは何か。過激な反社会性を保持した過程はどこまで解明されたのか。まだまったく不十分です。その最大の理由は、すべてを指示したと言われている教祖である麻原彰晃の裁判がまともに機能しなかったからだけど、それも含めて日本社会は、オウム事件についての考察や評価を見直すべきだと思っています。

致命的に欠けているのは宗教的な要素への考察です。人を殺すなど宗教ではないとの浅いレベルで多くの人はオウムを断罪したけれど、それは宗教への理解があまりになさすぎる。オウム真理教はむしろ、とても普遍的な新興宗教です。殺人教義とメディアが命名したタントラ・ヴァジラヤーナとかポアにしても、決してオウムだけが保持した思想ではない。ならば事件に至る内実はどこにあるのか。その考察をもっとすべきでした。

でも結局はオウム憎しの世論に、メディアと司法は従属した。捜査権力は自分たちの不手際を隠すこともできた。だから『A』や『A2』を撮ったけれど、事件後のオウム自体を掘り下げても、事件へと繋がる要素はほとんどない。

むしろぼくは、オウムを触媒にして社会が変わったことのほうが重要だと思っています。たぶん正確には「変わった」のではなくて、「より加速した」ですが。

●今野　それで思うのは、オウムがまだ事件を起こす前、オウム以外にも、たとえば大川隆法氏の「幸福の科学」といった団体に声をかけて、田原総一郎が、知識人たちと討論させた「朝まで生テレビ」です。その実況が終わりかけたときに、出演していた知識人たちの間にある「空気」が流れたことが、テレビを観ていても如実にわかったんです。「麻原彰晃は只者じゃない」、そう田原総一郎は心から思ったようだったし、多かれ少なかれ、他の人もそうでした。

●森　確かに。ぼくはVTRをあとで観ました。

●今野　その時に流れた空気は、只事じゃなかった。鈍いぼくの記憶に、田原総一朗のそのときの昂奮混じりに赤らんだ表情がしっかり残っているくらいですもん。つまり、視聴者のぼくに、その空気がほとんど伝染した感じでした。

●森　今野さんはリアルタイムで観たのですか?

●今野　夜っぴて観てました。観てそう思ったんです、大したものだってね。ふつう新興宗教なんてダメだよというのが市民社会の常識だから。ましてや、ぼくはわりと成績のよい、外面だけは素直ないい子で育っていましたから、六〇年代末の空気を少しは知っているにもかかわらず、新興宗教なんて頭から駄目だと思っていた。だからこそ、あの空気には驚いたし、逆のリアリティを感じもしたんでしょうね。ともあれ、あの印象は忘れられません。

●森 オウムというより麻原彰晃ですね。たしかに宗教的には傑出した部分はあったようです。事件後に吉本隆明がそんな発言をして、さんざんに叩かれました。

●今野 親鸞の言葉でいえば、「自力作善《じりきさぜん》」というか、「はからい」というか、そういうことから無縁でいると思わせるところがあったんですよ。

●森 同時に、全然それにはそぐわないことを言ったりやったりしていたことも事実です。組織としてお粗末なんです。そのちぐはぐさは、やっぱり外から見てると、矛盾だらけではありますね。

●杉山 オウムの映像とか観ているとバカっぽくみえるけど、もともとの原始的な仏教の修行って、ああいうことをやっていたわけでしょ。要はグアーッと自分を追い込んでいって、「あっち側の世界」に自在に行けるような、幻覚なのかもしれませんが、そういうようなことが自在にできるようになることを修行している。そういう部分がありますよね。それは滑稽にみえるけれど深いし、両面があるような気がするんです。

●森 原始仏教、あるいはチベット仏教、もしくは仏教本髄でもいいんだけど、その観点から見たら、麻原が述べていることとはとてもオーソドックスです。オウムの修行方法やサンガ（出家集団）という生活の仕方は、仏教本来のあり方からほとんど逸脱していない。組織としてはお粗末ですが、宗教集団としては全然踏み外していない。むしろストイックです。

●今野　森さんがその時に一番強く受けた麻原の印象は、勉強家ということですか？

●森　そうですね、それは間違いない。

●今野　すごい勉強をしてるんだと。

●森　残された説法などを聞いても、確かに勉強した人だなと実感します。特に事件前はほとんど目が見えてないのに。ただ者じゃないとは思います。だからこそ、一連の事件との接合がわからない。ただしずっと考え続けて、僕はもうある程度の結論は得ています。

●今野　『A3』（集英社）で書かれていますね。

●森　はい。やっぱりとても普遍的な組織メカニズムが、事件の背景には駆動していたと考えます。麻原が失明状態だったことも、実は事件に関わりがあります。弟子たちがメディア化したんです。そして弟子たちは、メディアの競争原理で麻原に危機的な情報ばかりを伝えた。

いずれにせよ、邪悪で凶暴な集団であるとか、麻原は俗物詐欺師だったとか、洗脳で信者たちを騙したとか、そういうわかりやすい子どもだましのストーリーは本線ではない。でもその思い込みが、結果的にはメディアによって不安や恐怖を煽る材料として広められ、それが日本社会を変えてしまった、もしくは背中を押してしまった。ならばオウムが犯した間違いを、メディア（側近たち）と社会（麻原）の相互作用によって集団化が加速して高揚した自衛意識が敵を見つけて叩きたくなるという間違いを、社会はその後に重ねていることになります。

▼「九五年」以後

●**今野**　麻原個人のことはともかく、オウムという集団を眼差す視線のあり方に問題意識を絞り込んで行ったのは、森さんならではのことだったと思います。あのサリン事件が起こったときより前の時点では、麻原彰晃だけでなくオウムに対しても、むしろプラスのイメージを持っていた人が、たくさんいた、田原さんも含めて。それが、あのサリン事件でほとんど封印したのか、あるいは封印されたのか、ぼくは「した」と言わなきゃいけないと思うけれど、とにかく素手で立ち向かおうとする人がほとんどいなくなった。例外は、森さんがおっしゃった吉本のほかには中沢新一、島田裕巳が思い浮かぶぐらいで、他にもいたのでしょうが、ほとんどの人は自ら封印しちゃった。だからオウムの謎を解こうという人が、森さん以外にほとんど出てこない。それが、今の自衛意識ばかりが高まったセキュリティ社会の息苦しさに通じてもいる。考えてみれば、これは昔から変わらない日本的な事態だな、と思います。

●**森**　田原総一朗さんは封印してないと思いますよ。このあいだ話したときも、刺殺された村井幹部について、「こんなに目が澄んだ男は初めて会ったと思ったよ」って言っていました。田原さんもちょっとズレてる人なのかな。あまり世間の風を気にしてないですね。拉致問題についての発言でも叩かれたりしている。

●今野 そうですか。それで通せる人なんですね。偉いものだな。

●森 もちろん、いまだから、というのもあるのかもしれないけれど。でもたしかにそういう意味では、事件後に社会のセキュリティ意識は大きく変わりました。官公庁やテレビ局や新聞社など、ほぼすべて出入りの際の厳重なセキュリティチェックが今は当たり前だけど、これは九五年以降に始まっています。

裁判所もそうですね。九五年までは傍聴人のチェックはなかったです。日本中のほとんどの駅でごみ箱は透明が当たり前だけど、駅や公園のベンチに仕切りが入るようになった（つまり横になれなくなった）ことも含めて、やはりこれもオウム以降です。ゴミ箱はサリンによって喚起されたテロ対策でしょうね。ベンチの仕切りはホームレス排除。セコムやアルソックなどセキュリティ関連会社の業績は右肩上がり。こうした業界のテレビＣＭが目立つようになったのもオウム以降です。日本各地の自警団も九五年以降は急激に増えました。テロ警戒中などのポスターが街のあちこちに貼られ、監視カメラも一気に増殖しました。

人が持つ根源的な他者への不安や恐れ。それがオウムによって、あるいはオウム事件を伝えるメディアによって、急激に加速したことは確かです。ならば自衛意識が高揚します。見えない敵を探して叩きたくなります。

少し論理は飛躍するけれど、イスラエルという国家がなぜあれほど攻撃的なのか、その構造も同じです。ホロコーストとその前の二千年の迫害の歴史を持つ彼らは、自衛意識の固まりなんです。

▼排除の論理

●**杉山**　ひとつの異物を排除するといった場合、権力側がセキュリティを口実にそれらを排除するという構図はわかりやすいんだけど、もっとたちの悪いことが進行していったと思うんです。つまり、市民の側からそういう異物を排除していこうという「空気」がものすごく強くなったと思うんですね。ただ、大急ぎで付け加えると、ぼくが言っているのは「オオムは出ていけ」という住民運動のことではありません。それは私的な利害の対立だと思うので、そういう意見もありうると思います。個別のいわゆる「隣人訴訟」とかの問題で、それを云々しているわけではありません。

九五年当時、オウムは「悪」なのだから、それは存在すら許されないという論理がメディアを中心に世の中を席捲していたと思います。これは「正義」をまとった論理ですから、にわかには否定しにくいし、単純ですから強く、どんどん社会のなかに浸透していきました。いわゆる権力に批判的な人たちのなかにも、そういう論理を駆使していた人はいました。この傾向は吉本さんらへのバッシングにもつながっていきましたし、現在の「ネットの炎上」にもつながっているだろうと思います。つまり、あらゆる人間が排除を進める当事者となりうる、ということにも注意が必要だと思うんです。

この草の根「排除主義」とでもいいたくなるような事態は、オウム以前にもありました。ぼくは七〇年代の終わりに学生が寮を運営する「学生自治寮」に住んでいたことがあるのですが、そのとき自治会を牛耳っていた全国チェーンの党派が反対派の個人を、ささいな寮の規約違反で処分＝排除したのです。それは決議だけに終わりましたが、学生が学生を処分するわけで、今だったら「それって、すごくネ」と言いたくなる事態です。そのときも「正義＝規約」を盾に、排除の論理が行使されました。

また連合赤軍の粛清も、「髪が長いのは革命的ではない、自己批判しろ」というような規律違反を追及するところからはじまったと聞きます。これも「革命的＝正義」を背景にした論理です。サリン事件後、オウムの本を置いている書店にクレームをつけ、本を取り下げさせた人がいたそうですが、それは連赤の論理とすごく似てるわけですよね。そういう正義をもってする倫理的な裁断、生活を萎縮させる論理はいたるところにあります。

外国のことは知りませんが、日本の反体制的な運動や権力を批判する運動には、たぶん市民主義も含めて、そんなところがあるんじゃないか。そしてそれはずっと総括されていません。おまけに社会じたいが、草の根のような排除の構造をもっているのです。

ですから、連赤のときの総括ができてないから、オウムのこともさっぱりわからないまま、同じように排除しておしまい。連赤は、あれは要するに「気違い」がやったこと、特殊なことだと。オウムもおかしい、「気違い」の連中がやっただけ（この論理については、森氏が連載の五回目で展開しています)。それでチャンチャン、と蓋して終わりですね。だから、その蓋が取れない状態が今も続いている、というのがぼくの仮説なんです。

●森　異質なものを排除して、なおかつすぐ蓋をする。これが日本型である。ならばオウムだけではなくて連赤の場合、何をどう総括すればいいと考えますか。

▼連赤の「総括」

●杉山　答えになっているかわかりませんが、運動内部では、運動が仲間殺しに至った過程を総括しないで、要は闘争で負けたんだということにしてしまったのではないか、ということです。負けたのは、ゲバルトが弱いから負けた、要するに武器を持たなかったから負けたんだというふうに総括した人たちが、北朝鮮やアラブに行ったりしたのではないでしょうか。結局、負けたことについて学んでこなかっただろうし、社会全体も、なぜそうなったかはよくわからないまま、蓋をして「終わり」になってしまった。そういう繰り返しがきっとあるんだと思います。

●今野　連赤の分析で、中身のあるたいしたものだと思ったものの一つに、大塚英志の『「彼女たち」の連合赤軍』(文藝春秋、一九九六年、現・角川文庫)があります。女性・男性のジェンダーの問題も、さっき言ったエロスの問題もきちんと考えていて、むしろそこを大きなモメントにして安保闘争を考えている。しかも、自分は安保闘争なんてよく知らないという彼らしいスタンスを崩さない、ある意味で反逆的な骨のある立派な本です。その大塚英志が、オウムの時になんて言ったかというと、「オタクたちの連合赤軍」って言ったんですよね。そういう彼の視点は、大塚英志さん本人がどういう人かぼくは知らないけれど、二つの出来事をつなげるものとして貴重だという気がします。やっぱり性とサブカルチャーとが基本にあって、思想という文脈のなかで、二つの出来事を双方向的に貫く串になる言辞が必要だと思いますが、その視点がほんとうにないですよね。その問題意識さえないと言ってもいいぐらい。

●森　大塚さんが最近出した本のタイトルは『感情化する社会』。たしかにこの「感情化」は、現代社会を考察するうえで見事なワードだと思いました。

▼日本人に共通する因子

●森　連合赤軍の当事者である植垣康博さん（連合赤軍に「兵士」として参加、二十七年間獄中にいた）に聞いた話です。『兵士たちの連合赤軍』にも書いてますけれど、最初の殺人事件は、連合赤軍の結成前（「赤軍派」と「京浜安保共闘」が統合して「連合赤軍」となった）スパイを疑われた京浜安保共闘の組織員の二人が印旛沼で殺害されるというものでした。その経緯で、幹部の永田洋子（元京浜安保共闘、一連の事件で死刑判決を受ける。二〇一一年に獄中で病死）と坂口弘（元京浜安保共闘、「あさま山荘」に立てこもり、一連の事件で死刑判決）が、やはり幹部の森恒夫（元赤軍派、逮捕後、獄中で自殺）に相談します、「スパイが二人いるけどどうしましょう」って。森が「処刑するしかないだろう」って即答して、永田たちは煩悶します。当時は永田率いる京浜安保共闘が森恒夫をリーダーとする赤軍派とヘゲモニー争いのため〝過激度〟を競っていたこともあって、組織員を処刑します。後日、永田から二人目を処刑したと聞かされた森が、自派に戻って「またやったのか」と狼狽していたという話です。

こうして組織はありえない過ちを犯す。誰も本気ではないのに、上は下に命じ、下は上を、ときには上が下を忖度する。帰属する一人ひとりが、一人称単数の主語を失うからです。集団化のメカニズムでもあります。

このアウトラインはオウムと共通します。組織が持つ負のメカニズムが暴走した。もちろん仮説です。キーパーソンの麻原が語れなくなってしまったから、最終的な確認はできない。

でも、今日ぼくらが問題にすべきは、結果的にはオウムを触媒にして、日本社会が集団化を起こし、組織としての負のメカニズムが暴走しやすくなっているということです。言い換えれば、日本人がそもそも集団と親和性が高いからこそ、連赤やオウムのような事件が起きたのではないか。アングロサクソンでは最も規律正しくて集団のルールを重んじる傾向があるドイツにナチスが生まれたように。

●今野　日本人には自分の目上、上位にある権力者の意図を忖度して動くという癖があるでしょう。それは日本の会社で日常茶飯に起きていることで、その忖度に寄りかかって、上の者も自分の業務をこなしているわけです。そこにちょっとした隙間風が吹いて失敗したりするわけじゃないですか。すると碌な反省もせずに、実に説得力のない「すみません」とただいうだけの会見をする。それが身についちゃっていて、もうどうしようもないのかなって、見ていて、また絶望します。

人前で会見を開いて、型通りに繰り返し頭を下げて謝るという妙な作法が始まったのは、バブルが壊れた九〇年代の半ばくらいからでしょう。山一證券のときは社長が泣いて謝ったりして、それなりに浪花節的で古臭いリアリティがあったけれど、そのうち味もそっけもない単純な儀式になりましたよね。歌舞伎の見栄のようにもっと根性を入れて謝れよと言いたいけれど、見ているほうにも、こいつらを悪者だといちいち怒っていても仕方がないやという感じがずっと続いている。謝るときのお辞儀の仕方を教えるプロがいるくらいですから。うちのお父さんや可愛い息子があういう場に立たされたら、やっぱり同じようにするだろうと潜在的には思いながら、みんなが引いて怒っているという感じがある。それがいまだに続いて、事態はどんどんひどくなるばかりです。学校や病院がそうなるし、企業がそうなるし、金儲けだけじゃないはずの役所もそうですし、東京都も、築地の問題や、オリンピックに関連してもそう。そうしない場合のリスク管理として、マニュアル通りに、とりあえず謝っているだけのように見えます。

こんな言い方をすると、年寄り臭いと言われるかもしれないけれど、「ピュアなもの」って、もう映画や小説の中にしかないような勢いですよね。ピュアなものは汚い現実の中にあってこそ味があるわけで、「フィクション」の中では、逆にもっと毒のあるものを味わいたいのが元・文学少年としての本音なのに（笑）。

するとピュアな現実というものを、まだ何も知らない若い連中に幻燈のように投影して見るしか、もう心の安らぎのためには手がありませんという感じが、正直します。彼らもなんらかの嘘はついているのでしょうが、若い人を見てると、ちょっとそう思いたくなるときがあるんです。

●**森**　そうですね。頭ごなしに否定しちゃったらかわいそうです。組織の論理が強い、言い換えたら個が弱い日本社会。これは例えば高度経済成長期にはアドバンテージでした。だからこそ敗戦国でありながら、GNP世界第二位を達成できた。ここもドイツと符合しています。

高度経済成長をけん引したサラリーマンたちは、我が社のために懸命に働いた。戦前は皇軍兵士で戦後は企業戦士。共通するスローガンは滅私奉公。つまり私を滅して帰属する組織、……この場合の組織は軍や会社、そして国に奉公する。でも当然ながら、組織の論理が暴走すれば副作用や弊害もあるわけです。

特に今は、これはグローバルな現象だけど、組織のラスボス的位置にある国家の存在が大きくせり出してくる。これも集団化で説明できます。同質なものたちの集団化とは、異質なものの分離化でもあるんです。これが同時並行する。

9・11を契機にして今は世界的に集団化が起こっているけれど、その六年前に先陣を切ったのは、やはり日本だったと思っています。

▼「個」はなく「我」がある日本人

●**今野**　ちょっとわかりにくい言い方になるかもしれませんが、日本人には「個」がないのに、「我」はあるんですよね。「個」と「我」は違うと考えたほうが、わかりやすいと思う。人は、自分にこだわっていろんなことをしようとする。嫉妬もするし、人を嫌いにもなるし、そうしたら悪口も言うし、その他いろんな悪いことを考えるし、する。その多くは「個」だからするんじゃなくて、むしろ「個」が弱く、「我」だけが強いからすることです。悔しいけれど、ヨーロッパ風の「パブリック」と対峙する「個」あるいは「孤」が、日本では影が薄いですから。

法然はそういうことにあの時代にもう気がついていて、仏教で社会を変えようとしていたところもあったのかもしれない。でも、残念ながら日本は今でもそうはなっていない。

●**森**　仮にそうだとしたら、確かに阿弥陀とか浄土をめぐる言葉にはそんな気配があるのだけど、法然も親鸞も、なぜ鎌倉時代にそんな発想ができたのか不思議です。

●**今野**　それは彼らの達観が、あの時代の最高レベルのインテリとして考えた、何か既存仏教の理論的な考察のようなものから出てきたものではないからだという気がします。奴隷のように他人の言いなりになることが、生まれつき好きな人間などいないという単純なことを、たぶん二人とも「からだでわかっていた」のではないでしょうか。

つまり、当時の末法の世の中で「奴隷」のように苦しんでいる民衆を考えたときに、レトリカルに言うと「奴隷は嫌だ」と彼らに自ら言わせてやりたかった。そして、同時代の苦しんでいる下層の人たちに、既存の仏教の枠組みにとらわれてインテリじゃなければわからない難しいことを要求してはいけない、善悪をとりあえず度外視してでも、言わせるためにはと考えて、ああいう既存仏教を根こそぎ解体するようなことを言えたんだと思うんです。

結局、あの二人がやったことは、社会的に高い自分の立場を損なう、あるいは損ないかねないという意味で、自己否定の契機を濃厚に含んでいたわけでしょう。その自己否定をやって泰然としていたというか、たとえば法難にあってもやり続けたわけですから、虐げられた他者のためにする「自己否定」とは何かということを、今の日本の社会も考える必要がある。「自己否定」の大切さをわかる人なんて、ぼくを含めて、今は、まずほとんどいないわけですから。わかっているとしたら、六〇年代末の反逆の時代をそれぞれに生きた人たちを中心に、他者を考えることを仕事に選んだほんの一部の人たちだけなのかもしれません。でも、少なくとも末法思想が世を蔽い、魑魅魍魎が跳梁跋扈した鎌倉の昔には、そういうモメントが二人だけにではなく、当時の支配層にも、ヒエラルキーを踏み越えて濃厚にあったのではないかと思います。

六〇年代の末には、非常に高い倫理感覚をもった人が、無名のノンセクトラジカルに多かったように思うんだけど、わりにいましたよね。今の時代から見たら鬱陶しいくらいに倫理的な、作家で名を挙げると高橋和巳のような人たちが。

ところが今はそういう作家は、ほとんどいません。連合赤軍で何かが壊れた後に登場した村上春樹や村上龍といった人たちには、個別のミニマリズム的な倫理性はあっても、少なくとも高橋和己のような、ストレートで野放図なスケール感はなくなっている。ぼくは彼らのよい読者ではないのでよくわかりませんが、たぶん倫理観がより有効に作動するために必要な何かが消えて、別の何かに置き代わるようなことがあったんでしょう。それは、意外に単純なことだったのかもしれない。たとえば、日本生産性本部のような組織が必要だった「工業社会」に成り代わって、ボードリヤールの言った「消費社会」が現れ、それが「連赤」と「オウム」の負の影響を受けながら、じょじょに成長していったからとか。

●森　そういえば高橋和巳は、やはり国家に反逆した大本教をモチーフに『邪宗門』を書いていますね。彼の自己否定を一言でいうと、ちょっと乱暴ですが「求道性」というか「ストイシズム」というか「禁欲的」というか、なにかそういう感じになるのかな。

●今野　それに加えて、彼には弱者に対する過剰な思い入れをするというか、自分の想像力に手放しで身をまかせちゃうところがあったのではないでしょうか。ある意味で、他を警戒しないとでもいうか。彼にはまじめで堅いというイメージが強くあって、実生活はなるほどそうだったのかもしれませんが、こと想像力に身を預けるという点と、その想像力さえも疑うという点の二つに関しては、だらしないほど野放図なところがあったような気がします。両村上に、それを求めても時代的に無理筋というところがあるかもしれません。

●森　内なるヒューマニズムを無防備に晒しづらい時代になったことは確かですね。

●今野　ええ。高橋和巳って社会的なイメージで言うといわゆる正義漢でしょ。でも、あれほどストレートに自分のなかの暗闇を掘り出そうと躍起になって努力した人もいないと思う。著書の題名を並べると、たとえば『わが解体』『孤立の憂愁の中で』『生涯にわたる阿修羅として』『暗黒への出発』とマイナスに関して極めてストレートでしょう。そこは、何か法然や親鸞に似ていますよね。

●森　なるほど。たしかに法然も親鸞もきわめてレトリカルではあるけれど、どこかでレトリックを足蹴にしてるところがありますね。

●今野　ぼくは、森さんの『法然思想』の連載を読んでいて、そう感じました。

●森　親鸞の「悪人正機」とか「千人殺してこい」とか、読みながらいきなり飛び道具をぶつけられてびっくりして、でも次にきわめてレトリカルに説明されるのだけど、やっぱり最後にはレトリックを超えてしまうような感覚がある。確かにどこかで感覚的です。

▼「阿弥陀四十八願」

●今野　今日の話のよいきっかけの一つになるかもしれないと思って、にわか仕立てで読んだ仏典の「阿弥陀四十八願」の一部（大無量寿教）をもってきました。法然がその第十八願に目をつけたというけれど、それをあらためて確かめようと思って、ネットで引いてみたら意訳と称する現代語訳があったんです（以下、広島県福山市山野の光明寺のＨＰより　http://www.yamanokoumyouji.or.jp/48_18-1.htm)。

意訳＝たとえ私（法蔵菩薩）が仏になるとしても、全ての人びとが心より争いも貧困も差別も無く、他者と比べることのない浄土に生まれたいと心より念（おも）ってほしい。もしその人びと浄土に生まれることがなければ、私はまことの仏にはなりません。ただ、殺父・殺母・殺阿羅漢（阿羅漢＝聖者を殺すこと）・出仏身血（仏の身を傷つけ血を流させること）・破和合僧（仏弟子の集団を乱すこと）の罪を犯す者、真実の法である仏法をそしる者は除きます。

この原文は漢文の和訳で、梵語から直接和訳したものではありませんが、その原文も岩波文庫で引用します。

《たとい、われ仏となるをえんとき、十万の衆集、至心に信楽して、わが国に生れんと欲して、乃至十念せん。もし生れずんば、正覚を取らじ。ただ、五逆（の罪を犯すもの）と正法を誹謗するものを除かん。》（中村元ほか訳）

さて、以下は素人の勝手読みだと承知して聞いてください。「たとえ私（法蔵菩薩）が仏になるとしても……」、ここで「私」というのは法蔵菩薩、つまり阿弥陀様ですよね。「全ての人びとが～心より念（おも）ってほしい」とあって、ここの原文は「十方の衆生～と欲して、乃至十念せん」になります。「十念せん」は訳出されていませんが、「十念」は浄土教では、「南無阿弥陀仏」を十回称える作法のことらしいので、往生したいなら念仏を十回唱えなさいと具体的な条件を付けていることになる。条件をつけたところにちょっと抵抗がありますが、まあ、「十念かよ」と読み飛ばしても一応の納得はいく。

ところが、その次に「ただ、殺父・殺母・殺阿羅漢（阿羅漢＝聖者を殺すこと）・出仏身血（仏の身を傷つけ血を流させること）・破和合僧（仏弟子の集団を乱すこと）の罪を犯す者、真実の法である仏法をそしる者は除きます」、つまり原文で言えば「五逆（の罪を犯すもの）と正法を誹謗するものを除かん」という一言があるんですよ。

現代語訳ではここが大事だと思ったのでしょう、「五逆」には括弧をつけて懇切な注釈をつけ、「正法」は「真実の法である仏法」と丁寧に言い換えてくれています。ところが法然は、その一言をまるで無視しています。どういうことかと言いますと、法然にはQ&A形式、一問一答の形で答える「百四十五箇条問答」というものがあって（その一部は本書の「法然語録」②、41頁参照）、そこで「五逆罪や十悪などの極悪の罪でも、一念の念仏で消滅するのでしょうか?」という第一の質問に対して、「五逆」や「正法」には言及せずに「疑いありません」（同上、43頁参照）と実に素っ気なく答えているのです。「五逆罪」というのは、繰り返すと、父を殺すこと、母を殺すこと、阿羅漢を殺すこと、仏の身体を傷つけること、教団の和合を破壊することの五つです。大無量寿教には「そういうやつは除く」と書いてあるわけですが、考えてみるとこれ、阿弥陀自身が書くわけはない……。

●森　でも『無量寿教』にはそう書いてある。

●今野　ええ、そうです。ということは、これは昔の仏教の教団の偉いさんが、組織的な防衛意識かなにか知らないけれど、たぶん何かの「はからい」があってつけた言葉に違いありません。そういう意味で人間的な「はからい」がなければ、つけない言葉だと思うんです。それを、「百四十五箇条問答」で法然は、真っ向から否定する。その「はからい」がやっぱり嫌だったのだと思います。無条件でいいよ、みんな助ければいい、条件なんかつけちゃだめだと思ったのじゃないかと思うのですね。

では、念仏しなくてもいいのではと言いたくなりますが、これは森さんも書いているけど、実はそう思ったのかもしれない。と言うより、門外漢の分際で何の根拠もなく言いますが、ほとんどそう考えた瞬間があったと思うんです。書いた人の組織的な「配慮」などは無視して、宗教と言うよりほとんど哲学的に「疑いありません」と簡潔に言っているわけですから。

ならば、なぜ念仏しなくても助かると言わなかったか。それは法然にも何かの意図があったと考えるしかない。これも、もちろん仮説、というか単なる当て推量ですが、「なにも考えなくともいい」という否定的な条件をつけたら、考えちゃだめだよということになる。しかし人間に、考えるななどと言うことができるのか。できないと思うんです、たぶん。必ず考えちゃうからです、我々人間は。考えちゃうと、悪いことを考えたり、はからいごとをしたり、自分のことばかり考えたりしちゃうわけですね、「我」が強いから。だから、考えなくともいいとは言わずに、念仏だけをしなさいと言った。これは、阿弥陀はみんなを助ける、ほとんど信ずることもいらないと言っているのと変わらないと思うんです。つまり、吉本さんは親鸞について言っていたと思いますが、ここで宗教性は解体されてしまっていると思います。あるいは、アクチュアルなフィクションと化していると言ってもいいのかもしれない。

●森　つまり、念仏でなくてもいいということですね。早口言葉でもいいかもしれない。

▼なぜ念仏なのか――理路を超えた境地

●今野　ええ。それで念仏してどこに行くかというと、理屈の上では、要するに「はからい」をしない境地にまで行くわけですよね。で、その「はからい」をしない境地をどう具体的にイメージすればいいのかと考えてしまうわけです。「南無阿弥陀仏」って言ったときに、なにも考えない。そういう境地に行くためにはどうするか。行くことなんてできるのか、「南無阿弥陀仏」という記号を「言葉」にせず、はからいのない「ことば」として使うという隘路をどうしたら見つけることができるのか、と。

森さんは何て言うかわかりませんが、ぼくも少しは芝居をした経験があるので、そこから想像してみました。たとえば芝居で役者がある演技に集中しようと思ってもなかなかできないことがあります。具体的な例を挙げると、ぼくは竹内さんと一緒にさきほどの湊川高校に行き、林竹二さんが研究した日本で最初の公害だったとされる「足尾銅山鉱毒事件」で、谷中村の抵抗を指揮した田中正造を題材にした芝居に出たことがあります。自宅を国（明治政府）に取り壊される大工の役で、その強制収容の現場に押し寄せる多くの官憲の前で「俺は動かん」とノミを畳に突き立てて、凄みのある啖呵を切るという役どころでした。その稽古で、いくら力を入れて怒ろうとしても喋りに全然リアリティが出てこない。自分でもリアリティがないと感じるくらいだから、周りから観ていたら、もう観ていられない芝居だったに違いありません。

ぼくは、そのときに正座していました。正座して眼の前の官憲の役をやっている芝居仲間の顔を見て喋っていた。で、日常的な感覚が邪魔をして、どうしても集中できずにいたわけです。すると演出していた竹内さんが「おまえ、横になって膝だけ立てて横柄な感じで言ってみろ」というようなことを言った。肩肘ついて、片膝を立て、つまり傲慢な田舎の大工にありそうな、人を人とも思わない姿勢をとれと。ぼくはそんなことを自分がするなんて発想のない、まだ二十代半ばの青年でしたから、その指示にまず驚いた。でも、実際にその姿勢をとって喋り始めると、まず声が変わったんです。「お、変わった」ってことが、自分でわかっただけでなく、まわりにも伝わるのがわかった。

その時に頭に浮かんできたのが、ちょっと突飛ですけど、昔の日本間のふすまの上にあった欄間でした。自分が小さい頃に好きだったおじさんの家に初めて遊びに行き、そのまま泊まって目覚めた次の朝に、蒲団で寝ていて目に入ったおじさんの家の客間にあった見慣れぬ欄間、その映像がいきなり浮かんだんです。それが、稽古の現場で想像上の大工の自宅の部屋と重なって見えたわけですね。そうしたら急に集中がやってきた。

ふつう演出家は、構成があって、意図があって、目的があって、だからこういう演技をしなさいというふうに、理路で演技指導します。ところがこちらは、その理路に従って演技をしようと思って、一所懸命集中しようと思うんだけど、頭でわかっていてもそれだけでは集中できない。でも、一見何の関係もないその思い出の欄間を引き出した想像力によって、ぼくは芝居の本筋から逸脱することもなく集中ができた。

つまり、目の前にいた警官の役の連中が、日常的な友だちではなく、本当に警官に見えたわけです。それだけじゃなくて、観客もどうやらオレの集中をわかっているなということまで、自分の集中を絶やさずにわかる。オレは、今アクチュアルに動いているという感じが脚の裏から手の指先から、全身でわかるわけですね。しかも、そのもともとの想像力には役者の「からだ」の記憶と言いますか、大袈裟に言えばぼくの幼年時代の「思い出」や「歴史」が宿っている。集中って本来そういう、無意識がもたらす無秩序のまとまりとでも言いますか、摩訶不思議なところのあるものなんですよね。役者の中で、フィジカルな問題とメタ・フィジカルな問題が直結してしまう、といった人がいたけれど。

だから、たとえば六〇年代のアングラ芝居は、戯曲と演出家と俳優のヒエラルキーを壊したという言い方がありますけれど、やっぱり役者たちの「からだ」が、偶然に近い何かの作用によって、急に変わる。まずそれがあって、多くの場合は複数の変わった「からだ」を介したときに錯綜する「個」の歴史の重なりのなかで、戯曲なり演出意図なりが観客に伝わっていく。芝居とは、本来そういう重層性のある空間《トポス》であるということがあります。

ちょっと飛躍するけれど、「南無阿弥陀仏」で見えるものがあるとしたら、何かそれに類したものではないかと思うのです。ただ唱えるだけの「南無阿弥陀仏」とは、「はからう」ことなく「集中」するという状態に人を導く仕掛けの謂いなのではないか。インテリじゃなくても、虐げられていても、奴隷であっても、たとえ子どもだったって、これならみんなにできる。法然はそこまで見通して、五逆罪を犯す者も赦したんじゃないかと、そんなことを考えたわけです。どう思いますか。

●森　この五逆罪については、それこそ親鸞は「悪人正機」で、むしろ悪いことをやったほうが近道になるというようなニュアンスを表しています。過剰な否定ですね。ただし「薬あればとて毒を好むべからず」と釘を刺していますが、歎異抄十三章の最後には、「本願ぼこりといましめらるるひとびとも、煩悩不浄、具足せられてこそそうろうげなれ。それは願にほこらるるにあらずや。いかなる悪を、本願ぼこりという、いかなる悪か、ほこらぬにてそうろうべきぞや。かえりて、こころおさなきことか」と言ったと唯円が書いています。

要するに、わざわざ悪行をなすことは論外としても、でもそもそも悪行をなす業縁は人知の及ぶところではないとして、悪行をなして往生しようとする人を批判する人をさらに批判しています。善悪を相対化しているんですね。何が悪行なのかおまえさんにわかるのかいという感じですね。親鸞の場合はそのあとに「私はわからない」と平気で口にする。まさしく親鸞のレトリックです。

●今野　そのあたりから話が広がって、『こころをさなき世界のために』が生まれたんでしたよね。

●森　いずれにしても、法然は五逆罪を黙殺したけれど、親鸞は逆手にとってアクロバティックな論理を展開する。トリックスターの面目躍如です。大向こう受けする要素はこのあたりにあるのでしょう。

どちらにせよ、この師弟は、悪いことをしたやつは除外するとは口が裂けても言わない。もっといえば、悪いことをしようが良いことをしようが関係ない。人として生まれたからには、みな最後には往生するんだということを本当は言いたい。でもやっぱり、今野さんの補助線を借りれば人はどうしても思い悩んでしまうから、「南無阿弥陀仏」を提案した。

要するに唱えることで、もしかしたら唱えることのフィードバックで自分や、見方が変わったりする可能性もある。それがまさしく今野さんが言った「欄間の話」と重なる。

今野さんも体を悪くされてから、舗道で杖を突いていて足が動かなくなったりしたときに、いつもの光景ががらりと変わったということをどこかで書いてらっしゃった。だからまさしくそれですよね。ちょっと視点を変えるだけで世界が変わる。日常のルーティンだけではなかなか気づかないけれど、世界は多面的で多重的で多層的なんです。そしてこの世界には、もちろん自己と他者が含まれる。

▼レトリックを超えたレトリック

●今野　そこで見えてくる、森さんがよく使う言葉で言えば、「豊かさ」みたいなものは、「はからい」からはたぶん出てこないものです。要するに、「自力作善」なんて、頭だけで芝居をするようなもので、とんでもないという話ですね。法然は、それが現実だとつくづくわかっていたのだと思います。「浄土宗の人は愚者になりて往生す」。森さんは連載でこの言葉を引いていましたけれど（本書「語録を読む③もし、神がいるのなら、なぜ――」69頁）、ほんとにそうなんですね。これはたんなるレトリックじゃなくて、本当にそうなのじゃないのかという感じがします。そうなれば、法然も「愚者」ですよ。

●森　もはやレトリックのレベルではない。

●今野　ええ。すごい言葉だと思います。法然という人はインテリという意味では、ぼくにはケチな反感もあるんだけれども、やっぱりすごい。それに親鸞の「悪人」ですね、親鸞は本当に自分でもロクでないというか、そういう人であることを隠さなかった人ですが、その「愚者」と「悪人」の間を橋渡しして、自分のいた昔の仏教のインテリ専横の世界とラジカルな親鸞との仲を取り持つことになったのが、法然という偉大な知識人だったんだと思います。何かつまらない感想のような気がしますけども。

●森　とはいえ、親鸞単独では無理だった。法然という土壌があったから、親鸞がさらに発展できたわけで。僕が一番『歎異抄』でびっくりしたのは、「弥陀の五劫思惟の願をよくよく案ずれば、ひとえに親鸞一人のためなりけり」です。凄まじい倒置です。だって宗祖が、おまえたちが崇めている阿弥陀様は俺のためにいるんだと、そんなことをぬけぬけ言うわけです。でもそれはまさしく仏陀が言った「天上天下唯我独尊」と同じです。要するに自己は他者になれないことが前提です。「おまえさんも『ひとえに自分一人のためなりけり』と思え」ということです。今野さんが言及された「個と我」の違いにもつながる。我を剝きだしにして見せながら個について気づかせる。普通はそう言った後に、「実は私だけではなくて、弥陀は自分だけのためにあるとおまえも思いなさい」くらいは加えたくなるのに、親鸞は言いっぱなしです。絶対に補足しない。ニヤニヤしている。意地悪です。でも同時に、他者の意識や知性をずいぶん信頼している人だったのかなと思えてしまう。

▼「個」が存在していない

●森　日本社会の話に戻せば、確かに「個」は弱いけれど「我」は強いです。

●今野　みんなが「我」を張っている。いまは「我」を張らないと生きていけないと、国民総出で思っているような気すらします。昔は羞じらいがもっと大事にされていたような気がしますが（笑）。

●森　怒りとか嫉妬とか。つまり「我」は「感情」ともいえるのかな。あるいは「欲望」。そして「個」は、あくまでも社会との対置、公共的な空間に相対する自己。そう考えると、確かに日本人には、相対するという意識は薄いかもしれない。社会や組織を相対化することが苦手です。

●今野　だから帰属せざるをえないし、帰属してそれを喜んでいるんでしょうけども、だったらそのことで見えなくなる何か、それについては、いつも気づいていなくちゃいけないし、考えていなくちゃいけない。それは自分のことに関してということではなくて、自分よりも先に、他人とか社会を考えることにつながります。それも表層の情報に類するものだけではなく、自分の奥から紡ぎ出すように考えることにつながる。ほんとにそう思います。それができれば、たとえ少しでも、集中して生きることができる。誰憚ることのない「豊かさ」にもつながっていく。「豊かさ」という言い方をもう一度使わせてもらえば、生きる豊かさというのは、たとえて言うと、突然見えた欄間に導かれて、意識せずに動いちゃって、結果的に演技ができて、それが相手に伝わったというようなことでしょう。演技は、台本や指示をなぞるだけではなくて、本当にその場に〝生きる〟という意味での演技です。それができたら、矮小と謗られても、豊かな毎日が生き生きと続いて行く、つまり、生きることができるわけです。その〝生きる〟ことを忘れちゃお終いだよっていうことを、法然は言っているような気がしますし、「浄土宗の人は愚者になりて往生す」という言葉は、一面でそう解釈してもいいのではないかなと思うんですけど。

2

映画『FAKE』のメイキングから

●今野　『FAKE』（二〇一六年公開、ゴーストライターの存在が発覚し、聴覚障害者の作曲家であることを疑問視されている佐村河内守を追ったドキュメンタリー映画）、あれ、おもしろかったです。

●森　ありがとうございます。

●今野　佐村河内さんとはどの程度のつきあいだったんですか？

●森　撮る前の交流は全然ないです。そもそも知らなかったし。騒動のときに初めて名前を知りました。その程度です。クランクインしてからも、集中して撮った時期もあるけれど、平均的な頻度としては月に二回か三回くらいの撮影でした。ドキュメンタリーは被写体との信頼関係が前提であると思いこんでいる人がときどきいるけれど、僕は少し違います。確かに信頼されているほうが現場は楽だけど。佐村河内さんとは信頼関係がなかったという意味ではないですよ。一般論です。

『A2』以降、四人の監督の共作である『311』は別にして、単独作としては十五年ぶりですが、メールという媒体には面食らいました。もちろん僕も日常的に使っているけれど、被写体との関係性にメールが入り込む。佐村河内さんとは電話で話せないし。

例えば撮影が終わって帰宅したその夜に、佐村河内さんからPCにメールがきている。今後のスケジュールとか事務的な内容だけならいいけれど、解釈とか意味とか本当ならカメラの前で言ってほしいことを書いてくるから、相当に困惑しました。

『ゆきゆきて神軍』を撮っているとき、監督の原一男さんが奥崎謙三ともしもメールでやりとりしていたとしたら、と考えればわかりやすいですね。あのようなスリリングな映画にはなりえなかった。

メールってあきらかにドキュメンタリー映画にとってじゃまですね。現場性がほんとうになくなってしまう。

●今野　現場性がなくなったらだめでしょうね。

●森　特にドキュメンタリーはだめです。

●今野　人間は、良くも悪くも「場所」に影響されますもの。

●杉山　さっきも言いましたが、メールやSNSでみんな繋がっちゃって、夜も昼も全然関係なく「井戸端会議」をずっとしているような感じになっている。SNSなんか特に、監視するという意図が全然なくても、お互いに干渉する気がなくても、なんとなくそんな感じになってるようなところがあるんじゃないでしょうか。

●今野　それはＬＩＮＥなんかもっと強いですよ。「既読」というものがある。
●森　今野さんはＬＩＮＥやります？
●今野　家族と。家族とは便利で、重宝してます。一歳半になる孫娘の写真や動画を毎日のように送ってもらってデレデレしている（笑）。
●森　スマホをお持ちなんですよね？
●今野　はい。
●森　ぼくは持つ気になれませんね。ガラケーです。
●今野　そうですか。そう言われると、ほとんど尊敬しちゃいます。スマホはとらわれちゃいますもの、もう放す気になれないけれど。特にFaceBookなんかでは、「いいね」という「友達」の反応が見えるので、その反応があるかなってことが、もう四六時中、気になります。
●森　さっきの「個と我」の話で言ったら、もしかして「個」を鍛えているということにはなるのかな。
●今野　うーん、「いいね」がこんなに気になっていていいんだろうかっていう、逆の意味での反省の機会にはなりますね。「つながり」に無自覚ではいられなくなるという。だから、どうでもいいようなおちゃらけたアップしかしない人もいます、真面目一方でつまらない、ぼくみたいな人も多いですが。そんな意味で、いろいろあって面白いと言えば面白いけれど、作家なんかがあれを好きになったりしたら、書けなくなっちゃう人もいるんじゃないかな。

▼テリトリーの意識

●**森**　昔ぼくも若気の至りで芝居をやっていた頃、演出家に自己と他者の距離感というか空間の感覚、つまり人と人がこれ以上は近づくと互いにちょっと緊張するという距離感、確か一・五メートルくらいだったと思いますが、そうしたテリトリー感覚があることを意識しろと言われたことを覚えています。だから満員電車は、人の意識に強い負荷を与える。本来なら、まったく知らない人とあれほど接触してはいけないんです。日常的に乗っていたら壊れる。他者との距離感覚が混乱する。人がネイティブに持つこの感覚を、ＳＮＳは満員電車以上に変えるかもしれない。あくまでも仮想的なテリトリーなんだけど、それがどんどん変わってしまう。しかも世界規模です。

●**今野**　ええ。だから、全然心当たりのない、いろんな国のもちろん知らない人から、友達になってくれませんかと突然言われたりするわけです。ジャンクが多いので一筋縄ではいかないですが、ちゃんとコメントがついているものもあります。ぼくは大掛かりにやっているわけではないから、たまにあるだけですけどね。でも、まだまだすごく奇妙な感じがしますね。

●**森**　ぼくらは奇妙とか違和感を持つ土台があるけど、今の若い世代は最初からこの環境ですからね。距離感がない。だから時おり、ツイッターなどに自分の下らない動画を投稿して炎上して社会問題になる。何でこんな動画を投稿するのだろうとあきれるけれど、個と他者、あるいは公共空間との距離感がコンフューズしているのでしょう。その点でいえば、ぼくらが若い頃にも、上の世代から見たら同じような違和感があったのかな。

●今野　それはあったんじゃないかなぁ。

●森　テレビでしょうか。

●今野　「テレビっ子」っていう侮蔑的な単語ができたくらいですから。もっとも、後には本人たちが自称語に転用して、大人が作ったときの毒気を抜いちゃいましたが。

●森　でもテレビに比べたら、いまのSNSを含めたネットのほうが影響力は大きいですよね。

●今野　占有時間で考えたら、テレビっ子がテレビを見てる時間よりも、はるかに多いんじゃないですか。スマホを持てば、そばで監視する人さえいなければ、いつだって使い放題ですから。電車の中もすごいじゃないですか。ぼくがいつも乗っている路線は、ドアとドアの間に片側七人座れて、退屈なときによく数えるんですが、最近は七人中七人とも、スマホと睨めっこというこ とが珍しくない。ぼくには、すぐ近くにいる人を差し置いてみんながみんな、見えない人とコミュニケーションをしてる風景には、まだいささかの違和感がありますが、さっきの車内のお化粧の話じゃないけど、若い人はそうじゃないでしょう。彼らにとっての車内は、「からだ」は接していても、ほとんど仕切りのない個室のように見えますから。

●森　昔は「テレビは二時間以上見るな」とか言って怒られたけど（笑）、いまはそんなことSNSには言えないものね。

●今野　社会とつながる大事な窓口ですからね。

●森　社会と繋がることは大切だけど、でも繋がりっぱなしはどうかと思う。だって個の煩悶が薄くなる。確かに澤野雅樹さんが指摘するように、読書は徹底して孤独な作業ですから、多くの人が本を読まなくなることは当たり前ですね。電車に乗っても、本を読んでる人なんて車両ひとつに一人いるかどうか。

●今野　ほとんど見ませんねぇ。いると若い頃にそうして読んだ本なんかを思い出して、懐かしくなるくらいです。たとえば『共産党宣言』だとかね（笑）。森さんは、奥さんにスマホを持てと言われないのですか？

▼声の構造

●森　ぼくにはガラケーがいいって（笑）。

彼女は音声認知の研究者で著作もありますが（『8割の人は自分の声が嫌い』、角川ＳＳＣ新書）、今野さんが書いた竹内敏晴の本も読んでいます。だからさっき今野さんが、寝そべったら声が変わったっておっしゃったでしょ、そのあたりは彼女からさんざん聞いています。声が変わるということは、その声が自分にフィードバックするので、次に自分が変わるんです。初めて会ったけれど何となく信用できるとか何となく嫌いとか、声は他者の深層意識に大きな影響を与えるけれど、自己の形成にも大きな役割を果たしている。本来の声を取り戻せば、例えばうつ病などはすぐに治るのに、とよく言っています。

●今野　へえ。声って面白くて、一回声門を通って外に出た声が、空気振動で外から入ってくるのと、内側で骨伝導で響くのと二つがあるでしょう。それを一緒に聴いていることは普段は意識しないけど、意識すると面白いんです。たとえば声が変わった時に、一つだけじゃない、二つの経路があることに気づいたりする。それから耳鳴りなどで負の集中があって話さなければならないときにも同じく気づく。骨伝導だけなら、お煎餅を齧ってもわかります。

ちょっとレトリカルに言うと、正負の方向はともかく、集中したときにもその二つの経路が「からだ」でわかるんです。すると、これもレトリックですが、声が立体的に聴こえだす。そのときには自分の声に刺激された自分は、もう変わっているという言い方ができます。これは面白い構造ですよね。人間は自分一人でいるときにでも、集中すれば、「からだ」を使って、他者との「からだ」によるコミュニケーションをシミュレートしているようなものだから。奥さんはその辺のことを、詳しくわかっておられるんでしょうね。

▼あくまでドキュメンタリー映画のやり方で

●今野　あの映画で新垣隆さん（ゴーストライターを務めていた作曲家）の扱いというか、あれはどういう？　笑いを誘う扱いだったと思いますが。

●森　神山典士さん（騒動のきっかけとなったルポを書いたノンフィクション作家）と新垣さんについ

ては、積極的に撮ろうとは思っていませんでした。だってこれはジャーナリズムではなくてドキュメンタリーですから、対論併記とか裏を取るとか、そんな意識はむしろ持たないほうがいい。そもそも二人にはあまり興味がない。実際には何があったのかとか、聴こえているとか聴こえていないとか、作品をそのレベルに合わせる意図は欠片もないです。

もしも佐村河内さんが訪ねて行くのなら、大喜びでカメラを手についてゆきます。でも彼が行かないならぼくは行かない。シーンとして面白くなりそうだから、内心は「行ってほしいな」と思っていたけれど。

ただ、撮影の中盤を過ぎた頃、雑誌ジャーナリズム大賞の授賞式のプレゼンテイターをやってくれとの依頼が来て、しかも大賞は神山さんが書いた週刊文春のゴーストライターの記事だという。偶然にしてはできすぎているなあと感じて、ドキュメンタリーの神さまが背中を押すなら行くしかないと思いました。ところが会場に行ってみたら、神山さんは欠席していた。空振りですね。それがあのシーンです。

で、勢いがついちゃって、じゃあついでに新垣さんも行っちゃおうと。たぶん編集で落とすだろうなと思いながら撮ったんです。最終的には、二人から取材を断られたわけですが……。

●今野　断ったってこと自体も、あの映画のあのシーンを観ながらわかっちゃうわけで、映画として、そこは退屈じゃありませんでした。

●森　結果的には、場面転換的なシーンにはなりました。

●今野　でもそれが本当の意図性かどうかはともかく、佐村河内さんの新垣さんへの気持ちについての、作っている森さんの側の意図みたいなものが、仄《ほの》見えるような感じがありましたよね。

●森　仄見えてくれればいいんです。抉《えぐ》る気は全然ない。というか、本当は一回断られたからといって、あっさりあきらめちゃだめですよ。ジャーナリズムならね。でもこれはドキュメンタリーです。これ幸いとばかりにさっさと店じまいしましたけど。

●今野　映画としてはいいコメディリリーフというか、ほんと笑っちゃったですよ。本人はなにも言ってこないんですか？

●森　神山さんはネットで映画の批判をしていました。まさしくジャーナリスティックな観点で。だから痛くも痒くもないけれど、自身のFaceBookで取材を断ってきた経緯について事実とは違うことを書いていたので、それについては抗議しました。新垣さんについては、ご自身ではなくて事務所からの批判が、やっぱりネットで公開されました。それは想定内です。

▼芝居の衝撃

●今野　それにしても森さんのお仕事の量は、すごいですね。本も多いし、大学で教えて、映画を作って。

●森　フリーター気質ですね。

●杉山　どれが一番楽しいんですか？
●森　楽しいという意味では、やっぱり映像です。
●今野　それこそ集中しちゃうんじゃないですか？
●森　しますね。一番お金にならないのも映像です。
●今野　集中していい思いをした人に、人はそうそう金を払いません（笑）。
●森　とても日本的な発想です（笑）。
●杉山　学生の時は役者さんもやってらしたんですよね？
●森　卒業後も少しだけ、新劇の劇団で研究生をやっていました。
●今野　青俳ですね。二年上に、役者の三田村邦彦さんがいますよね。ぼくが竹内敏晴の劇団で一緒だった友人が、ちょうど三田村さんと同期で、青俳にいました。
●森　三田村さんは、村上龍の『限りなく透明に近いブルー』が映画化されるときオーディションで主役に選ばれて、しばらく逃げ回って隠れちゃって、事務所が慌てて必死に探したとの逸話があります。
●今野　でも、青俳の研修所の卒業公演みたいなときに、三田村さん、主役を張ってましたよ。
●森　舞台はまだいいけど、映画はこわかったんじゃないかな。あるいは舞台がすべてだとの意識があったのか。伝聞ですから本当かどうかはわからない。
●今野　まだそういう感じが残っていた時期かもしれないですね。このあいだ、早稲田の演劇博物館で、「ああ新宿」という展覧会をやっていて観に行ったんですが、そのポスターにはさっきの『新宿泥棒日記』（大島渚監督）で唐十郎が登場した新宿駅前のシーンの写真が使われていました。あの映画には、当時の赤テントのメンバーがほとんど総出で出ていたんですね。

●森　『新宿泥棒日記』は僕も当時、名画座で観た記憶があります。

●今野　ぼくリアルタイムで観たはずなんだけど、そこまで印象が残ってなかった。新宿花園神社の公演風景も出てきましたね。

●森　大学入ってすぐに先輩に連れてゆかれたのが、赤テントの『腰巻お仙』でした。伝説の不忍池公演。初めて観た生の芝居です。ラストで看板女優の李麗仙さんがクレーンで吊られて不忍池から上がってきて、観ながら鳥肌が立ってボロボロ泣いて、ストーリーは全然覚えていないけれど、とにかく衝撃を受けました。その翌週に連れて行かれたのが、つかこうへいさんが演出したＶＡＮ99ホールの『ストリッパー物語』。また腰がぬけて。とにかく凄まじい芝居を立て続けに観て、ほぼ呆然自失になりました。

●今野　ただじゃすまないって感じでしょうね。

●杉山　学生の劇団には入らなかった？

●森　大学の演劇部に入りました。地方の高校から上京して、いきなり唐さんとつかさんで洗礼を受けて、これは勉強なんかしている場合じゃないって。

●杉山　でも新劇に？

●森　青俳の養成所に入ったのは、大学四年になったときです。周囲はみんな就活していたのに、発声練習とかエチュードとかアトリエでやっていました。もっと早く始めるべきですよね。もうズレています。

▼『太陽を盗んだ男』に出ていた

●今野　ぼくは森さんが出ていた『太陽を盗んだ男』を観ました。

●森　リアルタイムに？

●今野　リアルタイムで観て、そのときはもちろん森さんのことは知りませんけど、前回のインタビューをしてしばらくしてから自宅でビデオでも。

●森　映っているのは一瞬だけです。ジュリー（沢田研二）が原爆を作って政府を脅迫するというストーリーだけど、渋谷の東急百貨店の屋上の公衆電話から彼が電話をするというシーンがあります。それを逆探知されて屈強な警察官たちが駆けつけてきて、そのときに隣の公衆電話を使っていて間違って逮捕される男の役です（笑）。

監督が長谷川和彦さん。助監のチーフが相米信二さんで、末端が大学の映画サークルで一緒に8ミリ映画を撮っていた黒沢清さんです。彼から「来週空いてるか？」って誘われて。アップも撮られていよいよ映画デビューかと喜んでいたら、初号試写で顔もほとんどわからなくてがっかりしたのを覚えています。

●杉山　ジュリーも菅原文太も、なかなか死なないんですよね、最後ね。

●森　菅原文太さんはヘリから飛び降りながら追跡していましたね。その後長谷川監督は、「連赤の映画を撮る」ってずっと言い続けてたんですけど、結局、いまだに撮れていない。

●今野　連赤を撮ったのは……、

●森　高橋伴明監督（『光の雨』二〇〇一年）と、若松孝二監督（『実録　連合赤軍』二〇〇八年）。

●今野　ちょっと窮屈というか、本当の集中はない感じでしたよね。

●森　やっぱり映画の限界がありますよ。あれだけの事件を正面から一時間半で描くのは無理なのかな。

●今野　しかも断片じゃないですからね。いちおう俯瞰的に見て、何か言いたいことがあって作るわけですから、それは難しいでしょうね。

●森　再び話が戻るけれど、オウムと連赤の二つの事件で社会の側の明瞭な違いは、実行犯に対する刑罰の重さです。オウムの死刑囚は十三人。でも連赤の事件の際には、拘置所で自殺した森と病死した永田もいれて三人だけ。残る坂口弘の死刑はずっと執行されていません。もしも今、連合赤軍事件が起きていたら、もっと多くの死刑判決が出ているはずです。

●杉山　その前、七七年の日本赤軍のハイジャック事件では、「超法規的な措置」で獄中の人間を出国させるような政府だったわけですから。「人間の命は地球より重い」っていうのは当時の福田赳夫首相ですよね。福田赳夫首相もどちらかといえばタカ派だったと思うんですが、タカ派ですらそういうことを言った時代があったわけです。で、それがひっくり返っていったということですね。

▼ISを挑発した安倍首相

●森　命は地球より重い、との建前が崩れてしまった。まあ確かに、一人の命と何十億人の命をバーターにすれば、論理的には破綻しています。でもトランプ大統領の現象でわかるように、本音だけでは政治や社会は荒廃します。政治には高邁な理念も必要です。アメリカ国民の利益と安全だけを守る、じゃダメなんです。当たり前です。政治家は内向けと外向け二つの言語を駆使しなければならない。

二〇一五年、後藤健二さんと湯川遥菜さんが処刑に至るまでの日本政府の対応は、その意味でもっと検証されるべきです。彼らがISに拘束されていることを知りながら、安倍首相は中東を外遊し、ISと戦う資金を二億ドル援助すると発言して、さらにアラブにとっては天敵のような存在であるイスラエルで、ネタニヤフ首相と記者会見を行なってISを挑発した。見殺しのレベルではない。むしろISを挑発しています。最近刊行された『人質の経済学』（文藝春秋）にも、ISは当初後藤さんを殺害するつもりはなかったとの事実が書かれています。純粋に身代金目当ての拘束だった。つまりテロではなく営利誘拐です。ところがテロに屈するなとの掛け声が、結果的には営利誘拐をテロへと変えてしまった。でも政権を監視しなくてはならない大手メディアからは、そうした声はほとんど上がらない。

●今野 テレビの発言の締め付けはどうなんでしょう？　締め付けだけではなくて、これは発言できないという自粛は、相当ひどいんですか？

●森 テレビに限らず、つい先週も、まだ動いているので特定はしないけれど某大手新聞の記者から、麻原彰晃がほとんど廃人になってしまっていることが事実ならば処刑できるはずがないのに、これを記事にすることができないと相談されました。相談されても困ってしまうけれど……。

●今野 また言いますが、廃人を処刑するなんて近代国家の否定です。今に始まったことではありませんが、互いに理性があってこそ成り立つ国民国家のフィクションを、根こそぎ無化するような野蛮なやり方だと思います。

▼メディアの萎縮

●森 上がなかなか許してくれないと言っていました。これは一つの例だけど、萎縮は確かにメディア全般で広がっています。自民党の圧力云々って言う人は多いけれど、問題の本質はそこにはない。もちろん圧力はありますよ。それは日本に限らず世界中で、政治権力はメディアをコントロールしようとします。それにどう対峙するかが重要なんです。そして今の日本のメディアは、政治権力よりも社会や世間の圧力に屈しています。

一般企業化しているんです。もちろん、新聞社もテレビ局も出版社も、NHKを除外すれば、営利を求める企業です。トヨタや資生堂が、火中の栗を拾う必要はない。危ない橋を渡る理由もない。社員の安全を守ることは当たり前。でもメディアは、営利企業であると同時に、ジャーナリズムの軸をも持たなければならない。ならば時には火中の栗を拾わねばならない。危ない橋を渡る局面もあるんです。一時的には社会から罵倒されたとしても、伝えるべきと思うのなら伝えなくてはならない。ところがいま、テレビ局も新聞社も出版社も企業として進化して、コンプライアンスやリスクヘッジを最優先順位に置くようになってしまった。それはレゾンデートルを自分たちで否定していることに気づいていない。

日本のメディアは、とても自由な環境が保障されています。でも、というか、だからこそなのか、自粛の度合いが圧倒的に強い。規制や圧力がなくても、放送禁止歌などの存在が示すように、自分たちで立ち入り禁止の線を引いてしまう。そして自分たちが線を引いたことを忘れてしまい、テレビは規制だらけだと新橋あたりの飲み屋でため息をついている。

国境なき記者団が発表した日本の二〇一六年の「報道の自由度ランキング」は七二位です。ちなみに七〇位は韓国で七一位がタンザニア。確かに「マスゴミ」と呼ばれても仕方がない。でも今の日本のメディアが世界七二位であるならば、社会も同じレベルなんです。なぜなら市場原理で動くメディアは社会の合わせ鏡です。そして社会が七二位なら、その社会によって選ばれる政治家たちの質も七二位です。ほとんど途上国。そう思ったほうがいいですよ。

3
世界の読み方――この国は絶望が足りない

●**杉山**　イントロで、「近代の底」が抜けたみたいな話をしました。ただこの議論、日本は要するに近代化が遅れている、明治ときからやっぱり日本は歴史的に遅れているんで、それを早急に近代化しないといけない、という議論と重なってしまうところがあるかもしれません。さっきの話とちょっと近いんですけど、私性ではなくて自我、ちゃんとした西欧的な自我が確立してないから、それをなんとかしなくてはならないとか、たとえば桑原武夫とか森有正とかのモダニストたちは、一所懸命そういうことを言ってきたのだと思います。

そもそも社会制度も、追い付き追い越せだったわけで、日本はそうして近代国家になった。もちろんそれにはプラスもマイナスもある。だから近代批判はもちろんしなきゃいけないし、それは当然だと思うんです。マルクスでもニーチェでもフロイトでも、みんな近代批判論者としての側面がある。でも、プラスの蓄積はちゃんとあったはずですよね。そこの部分だと思うんです。「ポストモダン」という言葉が流通してから、ずいぶん経つと思いますが、モダンを乗り越えてポストモダンになったのかと思いきや、出現した世界が底が抜けた倫理もへったくれもない世界になってしまったということについて、改めて森さんのご意見を。

▼アジアへの蔑視意識が間違いなくある

●**森**　高校の日本史で、明治期の代表的なスローガンは、「脱亜入欧」と「富国強兵」だったと習いました。アジアから脱してヨーロッパ、つまり欧米列強の一員となって軍を強化して国を富ませようとの理念です。この思想が大東亜共栄圏思想に繋がる。共栄圏と言いながら、本音はアジアを神国大日本が支配しようとの意識です。明らかに上からアジアを見下している。その蔑視感情は、戦後から今に至るまで、日本人の意識にずっと駆動しています。だから時おり噴出する。

今野さんもよく言及されていますが、本来であれば「敗戦」なのに、僕たちはずっと「終戦」と言い換えている。ぼくは今、大学で教えていますが、学生たちに日本は第二次世界大戦においてどこに敗けたかと訊けば、十人中十人が「アメリカ」と答えます。でも「アメリカ」だけではなく、日本は中国にも敗けているわけです。その意識がほとんどない。自分たちはアジアを征服しようとしてアジアに結局敗けた、という意識をきちんと身体化しないまま、アジアへの蔑視感情を、戦後ずっと保持してきた。

敗戦は確かに惨めだったけれど、その後に高度経済成長によって、アジアでナンバーワン、世界で二位の経済大国になった。戦争では果たしえなかったジャパンアズナンバーワンを経済で果たしたわけで、燻っていたアジアへの蔑視感情はさらに強化された。なぜ中国や朝鮮は日本に対して視線が厳しいのか。当たり前です。上から目線は隠せません。そこにかつての記憶も重なる。

父親は終戦時に満州にいました。酔うとたまに「チャンコロ」とか「チョン」とか口にする。すると母親がたしなめます。そんなことは言っちゃいけないって。そうすると父親はきょとんとしている。「そんなこと言ったか?」って言ったときもあります。ぼくから見てもリベラルな人でした。レッドパージの時代に労働運動をやっていて解雇されたりしています。満州では中国人や朝鮮人の友達がたくさんできたと話してくれて、ぼくが子どもの頃には中国語を勉強していました。また行きたいって。でもその父親にして、蔑視の言葉をつい洩らしてしまう。感情のレベルではないと思います。満州時代には、周囲の日本人たちが中国人や朝鮮人に向ける差別感情はひどかったと言っていました。反発にせよ迎合にせよ、そうした環境で蔑視の座標軸が内面に形成されてしまったことは確かです。そしてこれは、戦後生まれのぼくたちも例外ではない。だって引き継いでいますから。

ずっとアジアではナンバーワンだった。ところが今、経済において日本は中国に抜かれ、韓国はすぐうしろです。だから内心焦ってるわけですね。こんなはずではなかったとの思いがどこかにある。その現れの一つがヘイトスピーチです。

日本のグローバルな位置を考えるのならその前に、アジアにおいて日本は何をしてきたのかを、もっと考えるべきだと思います。知るべきです。ところが知ろうとしない。日清戦争後に大勢の日本人に李氏朝鮮の王妃が惨殺された閔妃（「びんひ」、あるいは「みんひ」）事件とか、満州事変の発端となる柳条湖事件は関東軍の謀略なのに日本はこれを大義として大陸進出を正当化したとか、中国や朝鮮の人たちは常識として知っているのに、日本の若い世代はほぼ知らない。

いつまで謝り続ければいいのかとは保守の常套句だけど、中国や韓国の本音は謝れの前に、覚えておいてほしいとの思いがあるんです。せめて忘れないでくれと。さらに最近は、南京虐殺や従軍慰安婦の存在をなかったとまでいう人が多くなっている。足を踏んだそのときは謝られたけれど、今になって実は踏んでいないなどと言われたら腹が立つことは当たり前です。

まあでも、アパホテルの騒動の際に日本への旅行者にアパホテルに泊まらないようにとの勧告を出した中国の観光局とか、あるいは少女像も含めて韓国の従軍慰安婦についての姿勢についても、ムキになりすぎていると感じることも事実です。民間が設置した少女像に対して大使を帰国させた日本政府の対応も含めて、要するに東アジアの幼児性ですね。いつまでも成熟できない。まさしく互いに「こころをさなき」まま戦後七十年が過ぎました。

とにかく日本は、いまだにアジアの中で自分たちは特別な存在であるとの意識をもっている。選民思想です。ジャパンアズナンバーワンへのノスタルジーですね。そこをうまく利用したのが自民党。あるいはお抱えの広告代理店である電通と言ってもいいかもしれないけれど、「日本再起動」みたいなスローガンが功を奏すわけです。

●杉山　おまけに中国が伸してくると、そもそも昔は、冊封体制で中国はいばっていたんだから、またそういう帝国が浮上するのはよろしくないみたいな、反中国、嫌中国の意識も強まっています。

▼仮想敵をつくりたがっている

●**森**　だからこそ中国が日本列島を侵略する可能性について、もっと現実的に論議されなければならない。ネットなどでは、今にも人民解放軍が尖閣や沖縄を占拠して本土を攻めてくるなどと本気で書いている人がたくさんいるけれど、とても前近代的な発想です。だって中国にとって日本を侵略するメリットはほとんどない。資源は少ないし、一億三〇〇〇万人の国民がいます。確かに日本が中国の一部になったなら、太平洋を見据えながら軍事的・地政学的な意味はあるかもしれない。ならばデメリットはどうか。もしも今、中国が日本への侵攻を始めたら、イラクによるクウェートへの侵攻のレベルではないから、国連は非難決議を即座に出して中国は世界から孤立し、多国籍軍が出動する可能性もあります。つまりとても非現実的な選択です。

そもそも今の戦争のほとんどは、侵略ではなく自衛で起こります。湾岸戦争もロシアのウクライナ侵攻も、その例外ではないですよ。でも中国は日本に対して、自衛をカードにできない。なぜなら今のところはまだ、憲法九条があるからです。日本が侵略してくるとはさすがに主張できない。

集団化が加速することで、仮想の敵を見つけたいとの欲求が強くなっている。敵を見つけた瞬間に、さらに強く連帯できますから。このメカニズムは9・11後のアメリカが典型です。統合や連帯を呼びかけながら国内では異物を探し、国外に敵を探してこれを無理やりに攻撃する。なぜならこのときに為政者の支持率が上がるからです。このメカニズムは、メディアにも同様に働きます。こうして安倍政権と一部メディアは、利害を一致させながら、中国や北朝鮮の不安を煽るわけです。今のところ日本は、どの国に対しても仮想敵国にはなりえない。ただし問題は日米の軍事的な結びつきです。実際に北朝鮮などは、これを理由に日本の脅威を煽ることも可能です。

だから火種は早いうちに消したほうがいい。それほど中国が求めるなら、〝尖閣〟はバーターとして考えて、場合によっては譲渡すればいいと数年前に発言したとき、非国民とか売国奴などと罵倒されてネットでは炎上しました。

●**杉山**　尖閣は〝棚上げ〟にして触れないっていう取り決めがあったから、ああいうふうになっていたわけでしょ。交渉事ですから、曖昧にすることによって、本当の争いをやめるという知恵があったわけなのに、それを調子に乗って都有化だの、国有化だのと言ってしまった。

●**森**　まずは石原慎太郎都知事（当時）が、アメリカの共和党のシンクタンクであるヘリテージ財団の招待で訪米して、講演で尖閣の都有化を宣言しました。

●**杉山**　それに対応した民主党もダメで、当時の野田佳彦首相が二〇一二年国有化してしまった……。

●**森**　それについてはいくつかの説があります。東京都が尖閣購入のための基金を呼びかけたら、あっというまに数億円が集まり、実際の地権者も東京都に売却するなどと発言し始めた。中国にとって好ましくない政治家の筆頭である石原都政下で都の所有にするよりも、せめても国有にしなきゃ中国に言い訳できないと考えて民主党政権は国有化を宣言したとの説が、いちばん説得力があると思います。でも確かに、結果としては火に油になっちゃった。

●杉山　外交には蓄積されてきた暗黙の了解とか、そういうことがあるそうですね。建前と本音は全然違うこともありうる。それをうまくやらないと本当に戦争になっちゃうという側面があると思うんですが、そういう蓄積みたいなものを簡単にポイしているように思えてならない。

▼日本は、まだまし？

●森　ポール・サイモンは「El Cóndor Pasa（コンドルは飛んでゆく）」で、「人は土地に縛りつけられて、とても悲しい声をあげ続けている」と歌いました。そもそも領土とは何か。なぜ国は領土をめぐって争うのか。領土は絶対的に不可侵だとの前提がまずあるけれど、時にはこの前提を疑うような時間を持ったほうがいい。

領土の概念は、広義には領水や領空を含めた国家の主権が及ぶ国家領域すべてです。そして領水や領空は領土から独立して存在できない。領土とは国家の権能（領域主権）が及ぶ範囲であり、排他的であることが許されている。つまり侵犯されれば迎え撃つことができる。

要約すれば、領土とはテリトリーですね。日本語にすれば縄張。多くの生きものはテリトリーを持ちます。同種にこれを侵害されたら、命をかけることまではしないけれど、確かに彼らは闘います。

この場合に闘う主体は、種を問わずオスである場合が多い。だってテリトリーとは自分の餌場であり、これを広く持つオスは、生活力のある個体として多くのメスから関心を持たれるからです。つまりテリトリーを広く持つオスは、自分の遺伝子を多く残すことができる。

……と考えれば、領土という概念は、相当に身も蓋もない本能的な衝動に由来していることがわかります。このときに付きまとう言葉は「国益」だけど、これもまた、非常に仮想的な言語です。でも国は領土にこだわる。ムキになる。冷静な議論ができなくなる。こうして戦争が起きて、多くの人が犠牲になる。

ヨーロッパを旅した人ならば、国境の移動がとても自由であることを何度も実感したことがあるはずです。特にEU域内では、移動の際に検問やパスポートの呈示を強制されることはほとんどない。僕もかつてフランスとスイスとの間を行き来しながら、自分が今どこにいるのかわからなくなるときが何度もありました。

でもイギリスのEU離脱が示すように、人は際限のない自由に耐えられなくなる瞬間があるんですね。要するにエーリッヒ・フロムが説く「自由からの逃走」です。特に不安や恐怖を強く持ったとき、民族や宗教や言語などが同質の集団でまとまりたくなる。これも論理ではない。情緒とも少し違う。やはり本能です。トランプを支持したアメリカ国民の意識もここに重なります。

アメリカやヨーロッパに長く滞在してから帰国すれば、道行く人の顔がみんな同じように見えることに気づきます。多くの民族が街を歩いているアメリカやヨーロッパに比べれば、日本はやっぱりとても均質的です。日本だけではなく、東アジア全般がそうですね。未成熟であるからこそ、テリトリー意識が突出するということなのかな。

領土とは何か。いまEUを牽引するフランスとドイツは、かつて国境紛争で何度も戦争を起こしました。だからこそ人やモノ、そして情報の出入りを自由にしなければならないと考えた。ところが今、ISやテロに対する恐怖や格差への不満などが燃料になって、その理念に対しての抵抗や反発が、情緒や本能と足並みを揃えながら政治の枠組みを元に戻そうとしている。つまり国境の強化です。……この調子で話していると、全然未来に希望がなくなってしまうけれど、ただヨーロッパもアメリカも、こうした時代を経ながらも、どこかで復元するんじゃないかなっていう気はしています。多民族多言語多宗教だから、行きっぱなしになることはないわけです。日本も含めて韓国や中国の場合、その因子が欠落しているから、行きっぱなしになるリスクは高いと思います。

▼トランプ登場

●**杉山**　トランプ現象はどうですか？

●**森**　来日したオリバー・ストーンが、トランプ大統領が誕生したことで、むしろ世界はより平和になると朝日新聞のインタビューで語っていました。同様の趣旨を口にする人は少しずつ増えています。つまりアメリカ・ファーストですから、他国への干渉は少なくするはずだと。確かに第二次世界大戦後、世界の紛争や戦争の半分以上は、アメリカによる他国への干渉が大きな要因で始まったり激化したりしているけれど、世界が平和になるとの予測は、願望も含めてなのだろうけれど、少し楽観的すぎると思います。

いずれにせよ、メディアの重要性はますます増しています。トランプからは名指しでニューヨーク・タイムズやCNNなどリベラル系メディアが攻撃されているし、国民の多くもトランプに同調している。でも絶対に、ここで臆してはならない。政権監視をより厳しく続けるべきです。部数や視聴率は下がるかもしれないけれど、過渡的な現象だと思うべきです。二年前に朝日新聞が、従軍慰安婦の記事の訂正をめぐって、売国メディアなどと激しく他のメディアや国民、そして安倍政権から罵倒されました。部数も落ちました。あれを思い出します。そうした圧力に屈して朝日が政権監視や批判を弱めるなら、――そう指摘する人は少なくないけれど、――間違いなく国は大きな過ちを犯します。もしもアメリカのメディアも萎縮するのなら、――ぼくは個人的にはありえないと思っていますが――、世界が大きく変わります。もちろん悪い方向に。

▼ユナイテッドステイトの意味

●杉山　ちょっと報道されてますけど、総得票数はヒラリーのほうが多かったんですよね。

二〇〇万人くらい違うんでしたっけ。その結果については、アメリカの人たちはそれほど文句を言わないようですよね。今回よくよく考えさせられたんだけど、アメリカの大統領選って、直接民主主義じゃないいんですね。直接民主主義だったら得票数が多いほうが勝ち、単純累計で多いほうが勝ちになると思うんですけど、誤解でした。直接民主主義が間接民主主義よりいいとか悪いとかを言っているわけではないのですが、州の選挙人をどっちが取るかで決めるのは、要するに地域主義のほうが優先する。ぼくは大統領選というと、つい直接民主主義と思っていたんですが、誤解でしたし、その意味をあまり考えていませんでした。同じ大統領選のフランスは、投票を二回やるようです。一回予選をやって、ふたりによる決選。フランスは選挙人選びじゃないですよね。

●森　選挙人制度はアメリカくらいじゃないかな。

●今野　それは合衆（州）国という考え方が関係しているんじゃないでしょうか。州の独立性が強いから、州の主体性はとりあえず一つずつ括って担保し、そこから全体を考えようという、日本から見るとわかりにくい思考回路がアメリカにはあって、それでいままでずっとやってきた。

今回のことで、緑の党の候補者などはウィスコンシンなどの三つの州で集計をやり直せと言って募金を募ったようですけども、その動機や資金をめぐる毀誉褒貶はともかく、これは僕の偏見かもしれませんが、少なくとも遠目には、ひょっとして集計がひっくり返る、トランプもひっくり返るという可能性への期待を梃に、選挙人経由の実質的な間接選挙も含めて考え直そうとけしかけているようにも見えました。とにかくトランプではどうしてもダメだから、そういう論理を持ち出してきたという「はからい」の匂いが少しします。

でもぼくは、今回はトランプにやらすしかないと思う。それが本当のフェアネスに近いやり方じゃないか。民主主義というのは、もともとフィクショナルな手続きによって成り立っているのだから、その手続きを経た後になってから、場当たり的に批判することにはよほど慎重でないといけない。手続き自体に瑕疵があったというニュートラルな判断があるならいいけれど、トランプではだめだから規則をいじるという逆立ちした要素が少しでも入り込んできたら、トランプに劣らず、そういうお前こそ相当危険だよと言いたくなります。

いまの制度で出た結果はまず潔く受け入れてから、次に進むべきでしょう。あるいは、結果を受け入れて、それから制度の欠陥を直す工夫を考えたらいい。今、その手続きをトランプを盾に否定するんだったら、クリントンや自分たちのほうだって相当なことをやってきたとみんなに言われているのだから、そういうことも含めて、まず自己否定してからにしてほしい。でも、今のアメリカにはそれだけのパワー、つまり往時の市民権運動やベトナム反戦のときのように、批判をおおっぴらに受けたり、権力のパワーをメディアや民衆が凌ぐような勢いは、とてもないでしょうね。

今回はトランプになったけど、デモでもして圧力をかけながらひとまず四年は待つ覚悟はしよう。そしてその間に、自分たちのことを含めて、この事態を引き寄せたものを探り当て、制度変更が必要ならそれも視野に入れよう。そうやって辛抱するのが健全じゃないかなという気がします。もちろん合法的な反逆なら率先してするべきですけど。そうしたらトランプが変わるかもしれないし。

●森　僕もほぼ一緒の考えです。アメリカの正式名称はUnited States of Americaです。州によって法律も違う。州の自治を大きく認めたうえでの国家です。だから今の選挙システムが導入された。確かに総数はヒラリーのほうが多いかもしれないけれど、それは無効を主張する根拠にはなりえません。

●今野　あのシステムは、確かにフィクション的ではあるかもしれない。でも、それでずっとやってきたリアルなフィクションでもあるわけですよね。つまり、そのフィクションに準じてきた近代国家としての歴史と経緯があるわけで、今はそれを考え直すのが、かえって大事な時期じゃないかなと思います。

●杉山　トランプが大統領に決まったとき、これは驚くほどのことではなく、これまでも繰り返されてきた民主党から共和党への政権交代だ、という考えがありました。アメリカの政権交代ではホワイトハウスのスタッフが全部変わっちゃうんですよね。そのスタッフの構成こそがすごく重要で、トランプはある意味象徴というか、神輿の上に乗っている人という感じではないか、と考えてみたのですが、見事に外れました。

●森　ぼくも自分の中でせめぎ合いがあります。現実路線に変更するのでは、と多くの人は思っていた。これも願望ですね。アメリカはそもそも、二大政党制が示すように、リベラルと保守、ハト派とタカ派が常に競合してきた。その振幅の領域がアメリカです。でもトランプは、その振幅の範囲におさまらないのではないかとの予測もあって。

●杉山　ですから、沖縄の翁長知事は祝電を打ったわけですものね。米軍は撤退してくれたらいいですけどね、撤退しないでしょうけど。

●森　危惧すべきはアメリカだけではなくヨーロッパです。二〇一七年、ドイツ、フランス、イタリア、オランダの選挙で、EU脱退や移民排斥を主張する極右政党がさらに支持される可能性がある。例えばドイツのメルケル政権が退陣するならば、これはちょっとまずいですね。

●杉山　でも考えてみたら石原慎太郎という人は極右ですものね。そういう人がずいぶん長い間東京都の知事だったんですよ。

●森　確かに。トランプの本質はレイシストだと怒っている人は日本にも多いけれど、でも石原慎太郎は都知事時代に障害者施設に行って、「ああいう人ってのは人格あるのかね」とか、引用の形ではあるけれど、「文明がもたらしたもっとも悪しき有害なものはババア」とか発言しています。確かに字面だけ読めば、トランプの比じゃないですね。

▼二〇二〇年

●杉山　それで強引につなげていくと、小池さんが都知事になってから「二〇二〇年」が急にクローズアップされたじゃないですか。二〇二〇年がここまで目的化されていいのだろうか、そのあとのことを考えてるのかなって思っちゃいました。

●森　たとえば豊洲の「盛り土問題」で、ニュース番組やワイドショー、週刊誌なども含めて、すさまじい量の報道がなされました。明らかに比重がおかしい。大事なことは他にもたくさんあります。テレビの報道スタッフの知り合いにそんなことを言ったら、「ぼくらもそう思ってるんだけど、数字が来ちゃうんです」と言われました。つまり視聴率。都知事戦が劇場型になって、多くの人が熱狂した。その余韻が小池都政でも続いています。

でも、ニュースの定義のひとつは「みんなが関心を持つ」ことですから、その意味では視聴率を重視することは間違いではない。さらにテレビ局や新聞社も結局は営利企業ですから、視聴率や部数を追うこと自体を批判することは空しいです。メディアを変えたいと本気で思うのなら、メディアの市場である社会がまずは変わらなければいけない。

オリンピックを観ることは好きです。でも自国で開催したいとの気持ちがよくわからない。僕がもし選手だったら、東京なんていつでも行けるのに、とがっかりすると思います。むしろ途上国で開催してほしい。今からでも返上したほうがいいのでは、と思っています。

▼ひとつに集中すると他を言わなくなる

●今野　ぼくは、子どもの頃にあった東京オリンピックが大好きで、自分だけの秘密のモニュメントを創ったり、儀式ばった自分だけの思い出し方をしたりと、終わってからも、相当長い期間入れ込んだ記憶があるんですけど、今度のオリンピックはやめてほしいです。

●森　今野さんもそう思います？

●今野　はい。ぼくは、もともとマラソンと水泳を筆頭に、子どものころからスポーツ観戦が大好きだったんです。でも、今度ばかりはやめたほうがいいと思ってます。政治的、経済的な「はからい」事だけで進んでいる感じだし、それによって隠されたり、忘れさせられたりすることが多過ぎる。

●森　オリンピックがあることで？

●今野　そう、福島もそうですし、沖縄もそうだろうし、日本人は一つのことに目が集中すると他のことには目をそむけるでしょ。さっき言った集中のように、現れた欄間を見ると同時に、足の裏や指の先で周りを十全に感じているのならいいけれども、簡単に忘れちゃうじゃないですか、ぼくも含めて。

福島の問題なんか、オウム隠しが横行するのと同じ構造なんじゃないですか。特定できない誰かの「はからい」によってわかりにくくされ、アパシーの空気が醸成されると、みんなが見たくなくなり、実際にも見ないという。そしてそれを否が応でも見ることになる事態、たとえば避難児童などが身近にくると、さっそくいじめを始める。そこにお役所までが実質的に加勢する。建前だけだったら、空気と反対のことを言う人がまだいるけれど、でもそういう人たちが自分を追いこんでいるかというと必ずしもそうではなくて、結果として当事者だけが追いこまれていく。日本人の「個」という感覚は、ほんとうに弱いと思いますよね。オリンピックにも、もっと反対する人がいてていい。意外ですよね。

●森　口にすると叩かれちゃうから。

●今野　うーん、でもそんな国ありますか? どこだってオリンピックについて地元で問題になっているって、国際ニュースがよくあるじゃないですか。

●森　七六年のデンバーは、冬季オリンピックを返上しています。

●今野　当事者が民主的に決めての、結果でしょ。リオだってずいぶん反対があるのがわかった。それを日本はできないんだから。

●森　デンバーの場合は、よく考えたらオリンピックはやれる状況じゃないとの理由で返上しています。

●今野　どう考えたって、そのほうが健全ですよね。さっきのトランプ問題とはわけが違います。トランプには選挙でまがりなりにも意思表示できた。だったら選挙を通過していない大事なことにも、せめて違う形で意思表示させろと言いたい。オリンピックはまさにそれだと思います。

▼三つの無差別殺傷事件

●森　二〇一六年の相模原障害者殺傷事件は、あれだけの被害者がいたのに、あっというまに報道が消えてしまったとの感覚があります。実際にそう。事件からほぼ十日後にリオ・オリンピックが始まったから、見事なくらいに消えました。本当はもっと考えるべき事件だったのに。

●今野　さっき、エロスがタナトスに変わった傾向があると言いました。その一つのエポックメイキングな出来事の一つは、宅間守による池田小学校の事件（二〇〇一年、小学生を無差別に殺傷した事件。宅間守には死刑判決が下され、二〇〇四年執行された）だと思っていたんです。ところが相模原の事件は、それをはるかに超えていた。

だって本人が笑って得意になってる。自分は正義、正義は我にありって顔をしているわけですよね。あの違和感というか、社会とつながっているようで切れちゃっている、あの妙に宙ぶらりんな貧しい自意識のようなものは、いままで見たことがありませんでした。

●森　笑ってる映像は各局全部使っていたけれど、当然ながら笑っていない映像もあります。でも無言で俯いている映像はほとんど使われない。だから観る側のイメージとしては、護送されながらニヤニヤ笑っているとの印象ばかりが刷り込まれます。

どんな事件にも特異性と普遍性があります。ところがメディアは、特異性ばかりを呈示する。なぜならそのほうが、視聴者や読者から注目されるから。ある意味で当然です。でもその帰結として、普遍性が抜け落ちて特異性ばかりが強調され、加害者は理解不能なモンスターとして造形される。特に相模原事件の際には、事件直後の過熱した報道だけが突出したので、その印象が強いですね。補足しますが、特異性を考察することは重要です。でも普遍性に意識を置かないならば、事件全体の解釈が大きく歪みます。人を殺しながら笑っている奴だとの漫画的な犯人像になってしまう。

それは大前提にしながら語りますが、彼の中で正義の遂行だとの意識が駆動していることは、事件直後に衆院議長に送った手紙を読めば明らかです。要約すれば、世界平和と日本国繁栄のために障害者を抹殺しますと書いている。

●今野　あれは本当にそう思っていますね、文章を書きながら、気持ちがどんどんそっちのほうに傾いていったんでしょう。そして手を下しちゃった。思ったことと、それから書いたことと、手を下すことにある間の距離って、本来ものすごく大きいはずなのに、それが簡単に超えられた、あるいは無視されちゃった感じです。バーチャルなものとリアルな感覚が完全に直結したということか。という意味でも、あの事件は一つの大きな転換を象徴しているのかなという気がします。

その前、二〇〇八年の秋葉原無差別殺傷事件の加藤智大（二〇一五年、死刑が確定）の場合は、お母さんの育て方が間違ったとか言われました。彼の場合は決意して犯行に至るまでのプロセスを、逐次SNSの掲示板に、見えない相手への呼びかけの形で残していて、ぼくなんかでも、その気になれば、彼の主観的な時間の経過を追えるわけです。無差別に殺した後に警察が寄ってくるときの、警察と相対する写真なども残っていますよね。あの放心したような表情を見ると、まったくもってぼくらとは違う人間ではないという気がします。へたり込んだ姿などは、むしろよくわかると言ってもいい。つまり、決行途上ではなく決行した後の様子に「共感」できるところがあったけれども、今度は、本当にわからないんです。まるで世間は許してくれる、あるいは褒めてくれるとさえ思っているみたいです。ぼくには、あの表情が我々の集合的な無意識を象徴するもののように思えて仕方がなかったのですが。

▼命は選別できない、なのに死刑はOK?

●森　業界用語でいえばマルセイ、つまり責任能力を問えないレベルだと思います。

たとえば手紙には、UFOを二回見ましたとか書いている。未来人かもしれないとか。フリーメイスンの脅威についての記述もありました。精神障害の現れとしては、とても典型的ですね。ただしここで留意すべきは、精神病者の多くは穏やかです。犯罪率は健常者より低いとの統計もある。ただし抑制が働かないから、耳目を集めるような事件になりやすい。

今回は事件の本質以外に、報道のありかたも相当に特異でした。彼は犯行の二カ月前に措置入院をしています。普通ならこれがわかった段階で、容疑者の名前や顔は表に出てこなくなります。責任能力を問えなくなるおそれがありますから。でも今回は、その抑制をメディアはしないまま、逆に被害者の名前を出さなかった。遺族の訴えを聞いた神奈川県警が配慮しろとメディアに通達したらしいけれど、でもほとんどの事件の場合、被害者の顔や名前を晒したいと思う遺族などいるわけがない。メディアはそれを知りながら、報道してきたはずです。ならばなぜ今回は抑制したのか。その背景にこそ、障害者が置かれた環境と社会の眼差しの歪《いびつ》さが現れている。

事件後にネットで、人類のために障害者を抹殺する的な手紙のフレーズに賛同するような書き込みがかなりあったと報道され、これも大きな問題になりました。

これらの書き込みに対して、当然ながら健全な人は怒ります。「命は選別できるはずがない」「生まれたからにはすべて貴い命なんだ」と。もっともです。一〇〇％同意します。でもならば、生きる価値がないと判断した命を合法的に削除する死刑制度については、どのように説明するのでしょうか。あるいは母体保護法や出生前診断。やっぱり命の選別はしています。

そうした矛盾については目を逸らし、命を選別するなと建前的な正義を振りかざす。とてもグロテスクです。国民の命と安全を守り抜くと宣言しながら、後藤さんと湯川さんを処刑に追い込んだ安倍政権と同じです。

●今野　「守る」というのは、ときには無言で、命がけの覚悟で行なう、喜びもあるけれども、もともとはつらいことですよね。それには無自覚なまま、ただぺらぺらと無自覚に、建前を建前とも意識せずに口にしちゃって顧みないというか。

●森　死刑制度は無自覚に目を逸らしているシステムの典型です。

●今野　ええ。しかも、殺すほうの国家権力は絶対揺るぎません。そういう極めて不均衡な関係の中で殺すわけでしょ。ぼくは素朴に卑怯だと感じます。執行なんて言葉を使うけれども、死刑は殺人者のいない殺人という、これも近代国家の大きなフィクションの一つです。その感覚がないということの怖さですね。みんなで寄ってたかって殺すんだ、そういうものだってことを、ちゃんとわかってなくちゃならないはずなのに。そして、わかったところでは概ね死刑を廃止している。

●森　死刑制度を支持する。それはひとつの思想です。でも命の問題なのだから、支持するならするで、矛盾や歪みから目を逸らしてはならない。内閣府のアンケートによれば、日本国民の八割以上は死刑制度を支持しています。ならばその多くは、「命はすべて尊い」と口にする人たちと重なるはずです。その捩じれに気づくべきです。矛盾を自覚すべきです。

▼二〇二〇年、日本で国連の法務委員会、開催

●森　「二〇二〇年問題」についていえばオリンピックだけじゃなく、国連の法務委員会が日本で開催されます。つまり世界の刑事司法におけるトップクラスが日本に集まる。でもその日本は、ほぼ毎年のように国連から死刑は廃止すべきとの勧告を受けながら、国民の八割以上が制度存続に賛成しているとの理由でこれをはねつけている。さすがにこの状態のままではまずいのでは、との声が、刑事司法関係者のあいだであがっていると聞きました。たぶんこれから、死刑制度は大きな議論になるかもしれない。

ただし見方はふたつあります。いま日本には百二十人くらい、死刑囚がいるのかな。委員会開催前に一気に処刑してしまうとの見方もあれば、ゆるやかに廃止に向かうとの説もある。一気に処刑は論外としても、もしも国民的な議論になるならば、それは良いことだと思います。

こういう言いかたをすると、森は被害者や遺族の気持ちを考えない鬼畜だと罵倒する人が必ず現れる。ここでそのロジックについて反論することはしないけれど、その発想の位相が違うことに、そろそろ気づかないと。

▼「安倍的」なるものが支持されている

●**今野**　死刑に加えて、教育の現場などでは、いじめに絡んで結果的に緩慢で無自覚な殺人と言えるようなことが横行しています。さっきの福島から自主避難してきた家庭の子どもへのいじめもそうです。市教委が報道機関に公表した第三者委員会の報告書では、またぞろ黒塗りのオンパレードらしい。個人情報の保護を巧妙な防御壁にして実質的には知らぬふりを通すという二重の欺瞞をしつつ、結果的に緩慢な殺人に至りかねないようなことが、学校という日常のシステムの中で日夜起こっているんです。「黒塗り」と聞くと条件反射のように「またか」と思ってしまいますが、ここにも「個」や「孤」の意識を欠いた、ほとんど無自覚な形があると思う。そういう擬似殺人がたくさんある上に、森さんが度々言及してきた国家権力による明確な殺人である死刑制度が、お神輿のように乗っかっているわけです。

この構造について何にも言わないというのは、やっぱりおかしい。政府にというより、真っ先に自分に、次にみんなに向けて言いたいです。自分の手はほんとうに汚れていないか、たとえば健康診断のときにだけでもいいから想像してみようよ、と。ハンドソープで洗えば済むようなことではないわけですから。

首相は口先の言い換えばかりが目立って、いまの政府が国民を代表しているとはとても言えないけれど、支持率は何とか高止まりを続けている。「駆けつけ警護」で自衛隊に死人が出たら、辞職しますと言ったらしいですが、いったん辞職して、死者を新鮮な英雄に仕立て上げれば、支持率が上がるかもしれないていどのことは考えているのではないでしょうか。そしたらたとえ一度は本当に辞職したとしても、三度返り咲くことだってないとは言えません。そういう政権が、いま出たような課題に対応することなんてあり得ない。

安倍はバカだっていう人はたくさんいる。でも、それだけでは、何の役にも立たない。責める側にも何かが足りないんだと思います。

▼首相をめぐる構造的な問題

●森　一月の参院代表質問で民主党の蓮舫代表の質問に対して、安倍首相が「訂正でんでんという指摘は全く当たらない」と答えて、一部で話題になりました。これは官邸も誤読を認めましたね。他にも自らを「立法府の長」と言ったりとか、確かに首をかしげたくなる言動は多い。特に「でんでん」のときはネットで話題になったので、アゲアシ取りでいじめのようだとの声も上がりました。僕もそれは感じます。百歩譲って文学的な素養がほとんどないとしても、首相としての務めを果たしてくれるならそれでよい。

でもね、「でんでん」はもっと深刻な問題を露呈しています。つまり原稿を自分で書いていないということです。官僚が書いた文章を読み上げるだけ。これが日本の国会の本質です。

日本の国会はなぜ質問を事前に提出させるのか。官僚が答えを前の夜に徹夜して必死に作るからです。大臣はそれを読み上げるだけ。だからこそ日本の大臣は、スペシャリストであることを求められない。内閣改造でそれまでの厚労相が防衛相になるなど、諸外国ではありえない。極端に言えば、僕だって明日から経産相や厚労相を務めることができるかもしれない。……いや、さすがにそれは無理かな。まあでも、敷居が異常に低いことは確かです。

安倍首相が国連総会で演説した二〇一六年九月三十日、世界的な問題になっていたシリア・イラク難民の問題について、ロイター通信の記者から「難民の一部を日本に受け入れることは考えていないのか？」と質問されて、「人口問題として申し上げれば、我々は移民を受け入れる前に、女性の活躍であり、高齢者の活躍であり、出生率を上げていくにはまだまだ打つべき手があるということでもあります。同時に、この難民の問題においては、日本は日本としての責任を果たしていきたいと考えております。それはまさに難民を生み出す土壌そのものを変えていくために、日本としては貢献をしていきたいと考えております」と答えました。

まったくわけがわからないですね。難民受け入れについて質問されたのに、なぜ女性や高齢者や出生率という言葉が出てくるのか。当然ながらロイターは会見の内容を「安倍首相、シリア難民受け入れより国内問題解決が先」とのタイトルで報じ、イギリスのガーディアンやアメリカのワシントンポストなど世界の主要メディアは、「日本は難民支援の用意はあるが受け入れはしないと安倍首相が語る」「日本、シリア難民受け入れの前に、国内問題の対応が不可欠と話す」などと報じました。日本のイメージは大きく損なわれました。従軍慰安婦問題で朝日新聞を日本のイメージを落とした売国奴などと怒る人は、安倍首相に対しても同じ罵声を浴びせるべきです。

おそらく安倍首相はこのとき、移民と難民を混同していたのでしょう。なぜこのようなことが起きたのか。ロイターの記者が、事前に提出することを命じられた質問状にないことをアドリブで訊いたからです。当然でしょう。彼らからすれば、事前に伝えては質問の意味がないと考えることは当たり前です。なぜ事前に伝えねばならないのかとの声も、海外の記者からは相当にあがったようです。このとき最前列に座っていたＮＨＫの記者が、手も挙げていないのにいきなり指名されて、ＮＨＫ内でも一時は話題になったようです。要するに知っている記者に無難な質問をさせようとしたのでしょう。

海外のメディアから見れば、日本の政治権力とメディアの距離はありえないほど近い。だから政治家が鍛錬されていない。大臣はスペシャリストであることを要求されない。一握りの高級官僚がこの国を動かしているとの指摘はまったくその通りです。

云々を「でんでん」と誤読したことについて、鬼の首を取ったように批判することは僕も違和感があるけれど、でもこの誤読に大きな構造的な問題が露呈されていることに、もっと多くの人が気づかなければならない。

今のこの社会状況で、仮に安倍首相が退陣したとしても、トップはやはり「安倍的な」誰かでしょう。その誰かはきっと事あるごとに「美しい日本を取り戻せ」と叫んで、社会が熱狂しながら呼応する。大手メディアは政権監視や批判をほとんどしない。下手にすれば売国とか非国民などと叩かれますから。その状況はこれからも続くと思います。

●今野　これもレトリックで、言ったら怒られるかもしれませんが、友だちレベルでつきあうとしたら、安倍って人とは案外仲良くなれるかなって感じもするんです。人が良くて、あんまり深くは考えないし、ああいうのがいてもいいんじゃない、って言ってしまいそうな気が一方ではするんですよ。でもあの人が責任を持って権力を振るう立場に居続けるのは、いくら考えてもまずいと思います。

第一次の内閣が終わるころ、年金問題などで、ちょっと誇大妄想狂ふうの演説をしていたときがありましたよね、「わたしが解決してみせます」というような大嘘を言って。閣僚たちのレベルの低い不祥事が続いて憔悴しきっていたにもかかわらず、ああいうふうに何の根拠もないことを話していた人が、今は、これほど華々しく復活してるんですからね。

この前、鳩山友（由）紀夫さんの「東アジア共同体構想」をめぐる講演会を聴きに行ったんです。ほとんど「東アジア共同体」という言葉にだけ惹かれて（笑）。彼は、トランプが当選すると就任前に会いに飛んで行く首相の腰の軽さ、それにオバマが当然ながら激怒すると、今度は慌てて真珠湾に出かけて行く節操のなさ、しかもそれを隠すように真珠湾に行った初めての総理だと相も変わらず代理店的な弁舌をばらまく底の浅さ、しかも後になって吉田茂、自分の祖父の岸信介、鳩山一郎も行ったことがあると外務省が確認するというみっともなさと、ずいぶん盛大に立腹していました。父の鳩山一郎については、残っている日記でもわかると言って。トランプについては、行った日の確か四日後に、TTPの離脱を宣言されたとも言っていましたけども（笑）。

▼気分は擬似戦時下

●**森**　九月二十六日の衆院本会議で行なった所信表明演説で、安倍首相は「わが国の領土、領海、領空は断固として守り抜く。強い決意をもって守り抜くことをお誓い申し上げます」「現場では夜を徹して、今この瞬間も、海上保安庁、警察、自衛隊員の諸君が任務に当たっています」と言及し、「彼らに対し、今この場所から、心からの敬意を示そうではありませんか」と述べて自ら拍手を始め、事前に通達されていたらしい自民党議員たちも起立して、二十秒近く拍手を続けました。あまりに異様です。海上保安庁、警察、自衛隊員たちの働きを否定するつもりはないけれど、それこそ命がけで仕事をしている人はたくさんいます。治安権力だけをこれほどに称揚する。まるで戦時下です。さすがにあのパフォーマンスは官僚からの提案ではなく、安倍首相の判断でしょうね。

●**今野**　ひょっとして、この人は世の中とか日本をリアルな目で見ている、見る眼があるのかなとさえ思ったくらいです、逆に言うと。

●森　浅いということは単純でわかりやすいとも言えるわけで、その意味では今の社会に適合しちゃっていることは確かです。

●今野　その浅い目線を、われわれの実態に結び付けて自分なりに理解する新しい視野を、安倍に反対する人たちは戦略的に持ったほうがいいし、そろそろ持って展開すべき時期にもう来たと思います。本当に危なくなっているわけですから。テレビは、朴槿恵の次はトランプだとばかりに、このところ外国の悪口ばかりですが、肝心の安倍晋三と安倍内閣のこと、それに自分たちのことをこそ気に止めてほしいです。

●森　９・11後のアメリカは、正義と悪、敵と味方など、素朴なダイコトミー（二分法）しか口にできないブッシュを熱狂的に支持しました。わかりやすいからです。アルカイダによる突然の攻撃で不安や恐怖など危機意識が高揚したとき、論理や抑制を呼びかける政治家は支持されなくなる。ある意味で仕方がない。９・11後にアメリカ人のほとんどは、今は戦時下だとの意識を持ってしまった。でもならば今の日本は、片方で護憲論者を平和ボケなどと罵倒しながら、国会での拍手が示すように、気分は擬似戦時下的であるということになる。

●杉山　「負け続けてる意識」が強いのではないでしょうか。「空白の十年」「二十年」、さらにそれが続いてるわけじゃないですか。中国にはＧＤＰで負け……。切迫した地盤沈下感を、みんな共有しているんじゃないですか。そこにうまくつけこまれてしまった。今野さんもおっしゃるように、野党や広く現政権を批判する人は、このことをもっと考えなければいけませんね。

ただ注意したいのは、「安倍なるもの」と、ヘイトスピーチを平気でやるやつとか、「障害児なんかに人権ない、生きてなくていいんだよ」ということをこっそり思っているやつとの〝関係〟です。これは上野千鶴子さんが『現代思想』（二〇一六年十月号）で書いておられましたが、相模原事件の容疑者が事件前に大島衆院議長に出した手紙は、安倍首相を「理解者」だと想定していることをうかがわせるんですね。要するに、「最低の倫理すらないのかよ」という考え方に、日本のトップにお墨付きを与えてもらいたいと容疑者は私念しているわけですが、この構造は〝片思い〟ではないと考えられます。

でももう一方で、「安倍なるもの」もまた〝お飾り〟で、実はそれを成り立たしめている日本の社会がある、というふうに考えないといけない側面もありますが。

▼抜けるような「底」はあったのか？

●**森**　現在の安倍政権は擬似独裁政権的にはなってるけれど、本当の独裁政権ではもちろんありません。やっぱり主権在民で、ぼくたちが選んでるわけですから、だからより一層深刻でもあるし、でも同時に希望もそこにあるわけですけど。

●**杉山**　そこの希望のところを……。

●**森**　むずかしいですね。もしも日本がいま独裁国家であれば、レジスタンスをやればいいわけで、というか選択肢はそれしかない。独裁政権ではないのに、西谷修さんの言葉を借りれば「自発的隷従」で、自分たちから隷従して擬似独裁国家になってしまっている。つまり主体は権力の側ではなくて、まさしく主権者である国民の側です。メディアの忖度と同じです。これをどう打ち破ればいいのか。敵は自分です。

杉山さんは「底が抜けた」っておっしゃるけれど、「底が抜けた」という前提をつくるんだったら、かつては「底があった」ということになりますね。でも、もしかしたらこの国には、そもそも底がなかったのかもしれない。あるかのようにみんな思ってたけど、底がないからどんどん下に沈むだけで。

●今野　底があるのかないのか、確かめる作業さえしていないんじゃないですか。

ぼくらの親の世代は、たとえば中国に負けたってことを、一人一人が実感でよく知っている人が多いはずですよね。でも、たとえばうちの親は、うちの伯父や叔父たちは、それからぼくが行った小学校の担任の先生なども、少なくとも満州を知っていたにもかかわらず、戦争のことも、戦場のことも、負けたことも、向こうでの生活のことも、いいことはたまに口走るようにして教えてくれたけれど、それ以外は一回も教えてもらったことがない。

『リーベンクイズ（日本鬼子）―日中15年戦争・元皇軍兵士の告白）』（日本映画、二〇〇一年公開、「日本鬼子」は中国における日本人の蔑称。元日本軍兵士十四人が、戦地中国で自ら行なった残虐な加害行為を語る記録映画。監督：松井稔）というドキュメンタリー映画がありますけど、あのレベルのことは、ぼくは大人になるまでつゆほども知らなかったです。そういうふうに戦後は、実質的に負けたことを認めてこなかったわけでしょ。森さんが言ったように、とくにアジアのことについてはね。事実として否定するどころか、そもそも負けたってことについて語っていないんですよ。中国に負けたことを知らない若者が多いのも、その当然の帰結です。若者を責めるのは、基本的に本末転倒なんです。

●森　認める認めない以前に、視界から外してきた。だから煩悶が生まれない。絶望の絶対量も少ない。

●今野　そのやらないできたことを、今からでもやらないと、まともな軌道に乗ることもないんじゃないかと。

いまは、負けそうだから、負けないためにどうするかってことで、一所懸命オリンピックに投資したり、従来からの国家の資本投下、公共投資で、なんとか成長させようとやってるわけでしょう。そんなことだけをしていても天地左右四方八方に向かってダメだってことに気づかないのは、やっぱり七十年以上、負けたってことの歴史的な検証から目をそらしてきたことの負の遺産の一つです。われわれは、死んでも気づかない幽霊みたいなものになってしまったのかもしれません、それも死ぬ前から既に。

成長戦略以外のヴィジョンを知らないからですよ。それで負けそうだって心配ばっかりが先に立って、その心配を消すための薄っぺらい使命感をでっちあげ、作り上げた構造のあちこちにある隙間で、ちゃっかり私腹を肥やす連中が引きも切らないという、長年見飽きた永遠の現状的な図式がある。相変わらず続くモラルハザードというわけですけど、それを見ていると、もう何回目かわからなくなりましたが、さすがに絶望というしかありません。

▼「信じる」ということ

●**今野**　なんか今日は絶望ばかりですが、その絶望ということについては、わりに最近、一つ「なるほど」と思った考え方があったんです。前にも書いたことがあるのですが、ぼくも編集に参加した大岡淳という人の対談集に『21世紀のマダム・エドワルダ　バタイユの現代性をめぐる6つの対話』（光文社、二〇一五年）という本があるんです。大岡さんは演劇をやってる人で、早稲田小劇場の鈴木忠志さんなんかとも仲が良く、浅田彰さんなどのニューアカ世代の著作をよく読んできた世代の人です。

その本の対談相手の一人である大澤真幸さんが、福島の事故について、こんな面白いコメントをしてるんですよ。読んでみます。

《……原発の事故もそうでした。事故が起きる前の二〇一一年の三月十日までは、多くの人が、原発事故が起こりうることを知っていたけれど、まさか実際に起こるとは思っていなかった。でも、あの日僕らは、実際に起こることを思い知ってしまった。そのときに何がわかるかというと、こういうことです。起きてしまった現実はもう変えられないわけですが、同時に、起きてしまってから振り返ってみれば、なぜと思うことがいっぱい出てきて、防げたこともあったはずだと逆に思うわけです。そういうことは、戦後の歴史の中で、小さなことから大きいものまで含めて、たくさんあったと思う。…（中略）…

僕には、経済産業省の原発に関連する部署に知り合いがいて、いろいろと教えてくれました。彼は、福島原発の一号炉や二号炉は古かったこと、二〇〇〇年には使用開始後三十年が経過していたこと、そもそも使うのは三十年という予定でしたから、廃炉にするかどうか省内で議論があったが、コストが高いので、もう十年間だけ使おうということになって、その十年後に事故が起きたと言いました。なぜ十年前に、少しぐらいのコストをいとわずにやめなかったのか、今になって思うと誰もがそう思いますよね。でもそういうふうに思いを巡らせば、そもそもなんであそこに原発を置いたのかとか、防ぐべきピン・ポイントがいくらでもあったことに気がつく。なぜ、気がつくのかというと、原発事故が起きて、事故が避けられないことを実際に知ってしまったからです。

だから、起きる可能性を知っているだけでは避けることはできないのです。起きてしまったことを避けられない宿命だったと知ったときに初めて、逆に避けられた可能性があったことがわかるわけです。そうすると、僕はこう思うのです。

十年後に日本でもう一回原発事故が起きると考えてみて下さい。そのときの日本人は、なぜあのときに廃炉にしなかったんだと思うに決まっています。いいチャンスだったじゃないか、なぜあの時に決断できなかったんだと思うに違いないのです。その気持ちを、今の段階で持つことができたら、やめられるわけですね。つまり、十年後に原発事故が起こると強く信じていれば、逆にやめられることになる。

黙示録的な終末観には、終末の破局が避けられないというわけではなく、避けられないという確信を持っているからこそ、そこから逃れるための想像力が出てくるという逆説があるんですね。》

最後にある「避けられないという確信を持っているからこそ、そこから逃れるための想像力が出てくる」というのは、絶望が逃れるための希望を生むということですよね。これ、ほとんど宗教のことを言っています。つまり現状に絶望しないと、事故が実際に起きるまでは、また起こるということが信じられない、逆にもう一度事故は起きると絶望して信じれば、そこから廃炉という選択が生まれてくるということです。そういうふうに信じるということは、ほとんど宗教ですよね。理性の力じゃとても追いつかない。原発問題はそういうレベルの話だってことを、彼は社会学者として発言してるわけです。

要するに、こういう流れがあるんだよ、それはなかなか抗いがたいんだよというのは、普通の絶望です。でも、その絶望が本当の絶望、宗教的な絶望に高まった時に、人はどういう対応をするかというと、それは宗教的な解決を目指す人もいるだろうし、なにか運動しようと思う人もいるだろうし、そういうことが根こそぎ嫌になっちゃう人もいるだろう。でも、一回その絶望を本当に通過していないと、見えていても見えないものがある。日本人の戦後のヒューマニズムや民主主義は、たぶんその本当の絶望を通過していないんだと思います。だから本当の希望も見つからない、と彼は言っているると思うんです。

▼絶望が足りない

●森　この国は絶望が足りない。ぼくもずっと感じています。

そもそも敗戦がそうです。この国の復興は急ピッチで進んで経済大国になりました。もちろんそこに文句はない。でも結局はその帰結として、勝ち目のない戦争を起こした理由や責任を追及する意識がほとんど稼働しなかった。広島・長崎や原発だけではなく、例えば水俣病は、世界で初めて公式に認定された公害です。でもこれを教訓にしたとの記憶はない。同じことを何度も繰り返している。

日本の原発の総数は現状で五十四基。世界第三位です。一位のアメリカは国土が圧倒的に広い。二位のフランスは地震がほとんどない。なぜこれほどに小さくて地震が頻発するのに、しかも核兵器の被害を世界で唯一身を持って知っているはずなのに、いつのまにか五十四基も作ってしまったのだろう。ただし、電力会社や政府がこっそりやっていたわけじゃないですね。ぼくらは知っていました。でも黙認していた。深く考えなかった。

やっぱり絶望の量が足りない。だから同じ過ちを何度も繰り返す。

自民党は改憲の理由として、同じ敗戦国のドイツは戦後に何度も憲法を変えていると主張しました。正確には憲法ではなく基本法です。そこには法律のレベルも書かれている。さらにそもそも、戦後に二つに分割されてまたひとつに統合された国家です。改正は当たり前です。まあそれはそれとして、この基本法の重要な要素を変えるときも、ドイツは国民投票を実施しません。最近それを知って驚きました。ナチスの記憶を持つドイツだからこそ、為政者任せにしないで国民が判断すると考えるべきなのに。知り合いのドイツ人に言ったら、「僕たちは熱狂したときの自分を信用していないから」って答えられました。

かつてワイマール憲法下で、ドイツ国民は民主的にナチスを第一党に選択した。その記憶をしっかりと保持しています。危機意識や愛国心に高揚した集団が過ちを犯すことを胸に刻んでいる。つまり深く絶望した。それも自分たちに。

日本との違いは明らかです。それは戦後これまでの、それぞれの道筋に重複します。いつまでも中国や韓国など周辺国と揉め続ける日本。片や、かつて犬猿の仲だったフランスと手を携えながらEUの理念を牽引するドイツ。……ドイツを日本と比較して称揚ばかりすることの陥穽はもちろん意識するけれど、でも違いは本当に絶望的なほどに大きいです。

●今野　ぼくも、ドイツの採った道が一番まっとうだと思います。本当に駄目だと思ったら、あくまで駄目だってところを出発点にしなければ、いつまでもたっても問題は解決しません。そういう意味で絶望は希望の種子ですもん。

▼教育への介入

●**森**　当然ですが教育は本当に重要です。日本の戦後教育は、保守の仮想敵のような日教組の存在がとやかく言われるけれど、でも前から不思議なことがあって……。スポーツ大会などで必ず行なわれる選手宣誓ってありますよね。右手を挙げて先制する。あのポーズはナチス式敬礼がオリジンだとの説があって……。

●**今野**　本当ですか。

●**森**　真偽は不明です（笑）。でもかつては国民体育大会の入場行進で、貴賓席に座る天皇皇后ご夫妻に対する敬礼として右手を上げるポーズを取り入れていたけれど、問題になって県花やハンカチを振る挨拶に変えたとの説があります。いずれにせよ欧米の人たちは、あのポーズでかなり衝撃を受けることは確かです。他にも男子生徒の詰襟や女子生徒のセーラー服は明らかに軍服だし、小学生のランドセルは陸軍の背嚢がオリジンですね。前へ習えとか右向け右とか、あれほどに戦時色を打ち消したGHQが、これら軍隊式のメソッドやスタイルを見逃したことが不思議です。

●**杉山**　安倍政権のやったこと・やってることで、一番えげつないと思うのは教育への介入。一次政権のときも露骨でしたが、その延長感がすごく強いですよね。東京都は石原都政だったんで、ずっとそういう流れになっていた。教育問題をニュースで見るのすらいやな感じがいつもします。

●森　平成十二年に首相官邸ホームページに記載された教育改革国民会議第1分科会の委員の発言は、「子供を飼いならす」「遠足でバスを使わせない」「家には床の間を作る」「教壇を復活させる」など、教育勅語的というかきわめて回帰的な要素が盛り込まれています。他にも「変わらないと日本が滅びるというようなことをアナウンスし、ショック療法を行う」とか「教育基本法改正を提起し、従来の惰性的気風を打ち破るための社会的ショック療法とする」など、頭は大丈夫ですかと言いたくなる条項が羅列されています。念を押すけれど、これは原文のままですよ。森政権の時代ですが、委員は官邸が選んでいるわけで、自民党にこうした復古的なDNAが継承されていることは確かですね。何よりもこうした提案を、当然のように官邸ホームページに載せている感覚が驚きです。

政治権力がメディアに圧力をかけるのは当たり前です。だからこの問題はメディアの側の問題なんです。でも教育現場では、権力と闘えとは教師たちに言えないですね。権力と闘うことはジャーナリストの責務だけど、それは教師の仕事の範疇ではない。

二〇一六年七月、自民党はホームページで、「学校教育における政治的中立性についての実態調査」とのタイトルで、〈「子供たちを戦場に送るな」と主張し中立性を逸脱した教育を行う先生方がいる〉と書き、これを〈偏向した教育〉だとして、「実態調査」と銘打ちながら、「いつ、どこで、だれが、何を、どのように」などと具体的な情報を記入するように求めています。つまり反体制的な教師の言動を密告することを勧めているわけです。こうした気分が今の森友学園の騒動に繋がっているわけです。あれは氷山の一角です。

自民党は「子供たちを戦場に送るな」は偏向していると断言するけれど、「子供たちは国のために命を捧げろ」はOKなのでしょうか。いずれにしても教師たちは大変だと思う。それでも闘えとはとても言えません。

●今野　それはできないですね。

●杉山　一教師の勇気とか何かに期待するような……。

●森　それは無理です。ならばどうすべきか。やはりメディアです。メディアがこういう事態や現象を、例えば教育改革国民会議の議事録や密告フォームを、自民党は公式にリリースしているわけですから、もっと問題にすべきです。

●今野　現場の先生にとっては、政治だけじゃなくて、親たちの圧力も強い。知人の子に小学校の先生になった子がいるんですけど、話を聞くとほんとに大変です。

●森　上から抑え込まれ、下からは突き上げられ、親からは罵倒され、じゃね。

●今野　教師としての志、学生時代に理想的な考えを持って、たとえば障害児教育に命を捧げるとか、そういうことを考えていた人が現場にいき、志の中途で敗残者になることがある。戦後に吉本隆明や鶴見俊輔が問題にした挫折、ないしは転向ですね。そういう市民レベルでの転向というのは、じつは隠れたところで学校などにはたくさんあって、ひどい人だったら病院送りになってお終いになるとか。そういうことがじゃんじゃん起きていると思うんです。いまは、そういうことにも声があがらない国になっている。たとえばFacebookなどがそういうことの語り場として使われるようになったらいいのにと思うんだけど。

4 希望へのスキップ

▼一人称単数の問題

●今野　最後のトピックとして、唐突かもしれないけれど、森さんがよく使う「一人称単数」という言葉ですね、それについて考えてみたいと思います。ぼくはかつて翻訳雑誌の編集部にいまして、その後も翻訳文庫の編集をやり、病気をしてからはほとんどそれで暮らしてきたこともあって、欧米と日本との一人称の扱いの違いが気になるんです。それについて、少し話してみます。

翻訳書の編集にどういうふうに参加しているかと言いますと、一番エネルギーを使っているのは、できあがった日本語の訳文を、翻訳者とやり取りしながら見直すことです。それで、読者が原文のメッセージを過不足なく受け取り、しかも読んでわかりやすい訳文に近づける具体的な策の一つに、主語を省くということがあります。日本語は、一人称主語を言わなくてもわかるような仕掛けがいろいろあるせいで、主語が省かれることが多いですから。たとえば待遇表現の違いとか、尊敬語の使い方とか、男言葉と女言葉とか、それから喋り言葉が入る場合は喋り言葉の使い方によって、主語がなくとも誰の発言や行動であるかを示すことができるわけですね。

対して、英語には文法的に主語が欠かせません。それであまり上手ではない人の翻訳は、最初は英語の構文のままに、直訳的な主語が頻出します。で、その英語の主語をそのまま日本語の主語にして残しておくと日本語としてはうるさく感じるわけですね。だから、どの主語を省こうか、あるいはどう言い換えようかってことに苦労するし、翻訳家の人はもっと苦労しているわけなんです。結果的に、主語が半分くらいの量に減る場合がある。

かつてその操作に異を唱えて、原文のIをすべて、「俺」とか「私」を使って訳出してみようと、それを実際にやった翻訳家がいました。伊丹十三です。ウイリアム・サローヤンというアメリカの作家に*Papa, you are crazy*という優れた作品があります。お父さんと一人息子が会話する小説で、大人と子どもが向き合い、二人でお互いの気持ちを感じあうという趣の話なんですが、その原文にある煩雑なIを全部訳出するという、日本語にとって非常に実験的な翻訳をしたわけです。英語でI（≠私）と言ってるのに、日本語でそれを省略しちゃったら原書が言いたかったメッセージが伝わらない。欧米の人は、Iと言うたびに、潜在的な自我意識とか主語の意識を発動させているはずだから、それをはっきりさせようというような理屈で、実験に果敢に挑戦した。

それは、商売としてはたぶん失敗だったと思います。日本語がとっても読みづらかったから。I、I、Iって連続して主語を出さないと文法的に成立しない言語を、だからと言って、そのまま日本語にしてみたら読めなかったという、一昔前の言葉で言うと、異文化の壁を象徴するような訳文ができあがったわけです。

で、編集者や翻訳者が訳文を直すときに気にするのは、たくさんある主語のどれを省けば日本語として座りのいい訳文になるのだろうかというようなことです。これは敢えて伊丹さん的に考えると、彼我の一人称の違いを考えない作業だとも見えるわけですね。

しかし、これが一筋縄ではいかないところなんですが、読むレベルでは、主語が減ったことによって、登場人物の「私」についての意識が、かえって鮮明になることがある。だから、日本語の質とレベルにもよるけれど、主語を減らしたからと言って、必ずしも存在意識の印象が薄くなるとは言えないわけです。

翻訳の方向が逆になりますが、たとえば川上弘美さんという独特な小説家がいるでしょう。彼女の書く日本語は、あるべきところに主語がなかったり、時制がさだかでない表現が出てきたり実に細かい配慮で、存在意識や時間の感覚を印象深く書いていくものです。難しい語彙をまったく使わずに、そういう一風変わった雰囲気の魅力的な日本語を書くわけですね。

それを英語にするときに、さて英語のほうではどうなるんだろう、英語の規範通りに機械的に

Ｉばっかり置いていくとしたら、川上さんが書いた原文の味わいがなくなっちゃうと考えた、ある意味で伊丹さんが逆立ちしたような英語の翻訳家がいるわけです。マイケル・エメリックという、若いけれど有名な『源氏物語』の研究者です。その人に「日本語には主語がないのに、英語であえてＩを補って訳したら、ニュアンスが損なわれるんじゃないですか」という、それこそためにする質問をしたときに、答えてくれたことが面白かった。

英語ではＩ、Ｉと繰り返す、それは日本語ネイティブの人にはすごい抵抗感があるのかもしれないけれど、英語ネイティブにとってはそんなことはないんだよと意外なことを言ったんです。英語として聞けば、あっても言わないのと同じで、ほとんど意識しない場合も多いんだと。だから川上さんが書いた日本語が持っている芸術的な方向を、十全に英語に移すことができるとは考えていないけれども、努力して、それに近いものにすることはできるんだと言った。つまり、伊丹さんが考えたような意味での、人物の無意識も絡む存在意識が、翻訳で読者オリエンテッドな訳文になることによって削がれることは、考えるのは大事だけれども、必要以上に心配しないでいいよということです。エメリックさんは現実的にそう判断したわけですね。伊丹さんには、そこをわかっていても敢えてやるというところがあったんだと思うけれども。

そういうふうに、翻訳するのに苦労する主語の問題というものがあるわけですが、これは訳文そのもののわかりやすさを求めるのとは、また違ったレベルで考えなければいけない大事なことだと思います。森さんは、「一人称単数」とか「主語」という言葉をよく使うでしょう。だから、それについても今の話とのからみで何か言ってもらえることがないかなと思うのですが……。

▼主語が肥大するメカニズム

●森　英語の場合、たしかに主語がない構文はまずないわけで、ふだん使ってるうちに一人称単数の意識が自律してくることは確かでしょうね。併せて宗教観の影響もある。ユダヤ教とイスラムとキリスト教は唯一絶対神ですから、常に自分という個との対峙において神が意味を持つ。でも日本は八百万ですから、自己がどうしても薄くなる。今野さんが指摘したように、個と我の違いは明らかです。

さらに日本人は集団や組織と相性がいいから、一人称単数ではなくて「我々」とか「我が社」とか、「組織」や「大勢」が主語になってしまう場合が多い。欧米の場合は会社の上司でもファーストネームで呼ぶことが普通だけど、日本では役職で呼びますね。映画の字幕などを見ていると、実際には上司をファーストネームで呼びながら会話しているのに、字幕では部長とか課長とかに翻訳されています。個人の前に組織の一員であることが優先順位として高い社会なんだとつくづく思います。組織や集団など大きな存在が主語になれば、述語はそれに合わせて強くなる。一人称単数の主語ならば言えないことも言えてしまう。大型トラックに乗っている運転手が、幅寄せやパッシングをしてくるようなものですね。普段は弱気なのに、トラックに乗って他の車を見下ろしていると、いつのまにか強気になってしまう。

もちろん日本語の構文だけの問題じゃないですね。他にも要素はある。稲作文化が由来だとの説もあります。つまり集団作業です。あと水利も村全体でシェアしなくてはいけない。藁葺き屋根の補修も村民総出で行ないます。これに参加しなければ村八分になるわけです。

でも稲作は日本だけではない。島国であることとか、他にも理由はあるはずです。

いずれにしても、自分たちは個が弱いということを、もっと徹底して自覚したほうがよい。ブームやベストセラーが世界一生まれやすい国との説があります。みんなが買うから自分も買う。みんなが読むから自分も読む。同調圧力がとても強い国です。

特に近現代史において、日本は個が弱いからこそ、いろいろ間違いを犯してきた。ひとりひとりが一人称単数の主語を保持しながら、原発再稼働や憲法などの問題を考えれば、今の流れとは違う解に行きあたるのでは、と思っています。
●**今野**　たとえば伊丹十三の試みは面白い、試みるだけの価値はあると思いますか?
●**森**　おそらく伊丹さんだって、単純に原文のニュアンスを守ろうとのレベルだけではなくて、内心は日本に対してのアイロニーという意識があったような気がします。
●**今野**　うん、実験による問題提起なんですよね。
●**森**　その試みはそれで面白いし、失敗したのかもしれないけど、もうちょっといろんな人がそういう意識を持ったほうがいいんじゃないかな。

▼加害者性から目を背けようとする傾向

●**今野**　意識を持たないことが問題なんですね。具体的な例を挙げると、たとえば広島の原爆死没者慰霊碑の文言「過ちは繰返しませぬから」には主語がありません。何が主語か考えてみても、辿り着くあてがないんですね。だから辿り着いた地点から振り返って、「個」の意識を刺激することがないような気がしますが。

●**森**　うーん。僕は「過ちは繰返しませぬから」は大好きなんです。なぜ原爆を落としたアメリカをもっと攻撃しないのかとの批判はよく目にするけれど、「過ちを繰り返さない」と決意した主語は、アメリカも日本も含めて戦後世界に生きるひとりひとりの主語が隠されている、という解釈をしています。

●**杉山**　戦争みたいな愚かなことをしてしまったことについて、当事者すべてが反省している。

●**森**　被害者意識だけではなく、そもそも広島・長崎に原爆を落とされた背景には、自分たちの加害者性もあったのだと。それをすべて含めての過ちです。

●**杉山**　ふつうはそう読みますよね。ぼくはそういうふうに子どもの時から読んできた。でも、「落としたやつがいるでしょっ」て言われれば、その通りだと思う側面はあります。

●**森**　特にこの十年、二十年、自分たちの加害者性から目を背けて歴史を修正したいとの欲求が強くなってきた。

……いま、自分で言いながら思ったけど、やっぱり解釈って大事ですね。キリスト教においては、聖書をどう解釈するかで行動様式や思想はまったく変わる。あるいはコーランを、例えば「ジハード」という言葉をどう解釈するのかも同様です。憲法も含めて言葉は重要だけど、でも同時に言葉は解釈というリスクがある。

▼「負い目」について

●今野　梅原猛さんが、森さんが連載していた『法然思想』の0号で短いエッセイを書いていて、そこで法然とはヨーロッパでいえばルターに相当する、と言っています。つまり中世の教会という権威、絶大な権力に化けてしまったキリスト教から、原始キリスト教の力を取り戻すために、と言ってはいなかったかもしれないけど、ルターは出てきた。彼は中世教会が排他独占的に支配していた聖書を民衆の手に奪還して、自分一人で、つまり「個」で神さまと向かい合うという近代資本主義精神を開いた宗教改革者で、日本で言うとそれは法然に相当すると。梅原さんはそのあとで、日本が明治維新にあれだけの成功を収めたのは、実はルターになぞらえた法然とカルバンになぞらえた親鸞による宗教改革がヨーロッパより四百年も早かったからじゃないかと書いていました。俄かには信じ難かったのですが。

●森　キリスト教でも仏教でも共通するのは、いわゆる改革者でも、あるいは宗祖でもいいんですが、語った言葉がどんどん歪曲され、都合よく使われている歴史が絶対にあるということです。

そういう意味では浄土真宗も浄土宗も、経典や宗祖の言葉を都合よく解釈しながら政権にすりより、あるいは国民に媚を売りという時代を経ています。太平洋戦争の時に最も強く軍部を応援していた既成宗教は浄土真宗です。そういった時代を経て現在に至っているわけだけれど、少なくとも僧籍を持つ人の多くは、親鸞や法然の残した言葉をまっとうに解釈すれば、自分たちは大きな間違いを犯してしまったとの思いはあるようです。そもそも組織を親鸞は否定しています。

●今野　ええ、すごいですね。あくまで組織が出てくる前、つまり蓮如がつくった浄土真宗の組織ができ上がるはるか前に、もうすでに組織を警戒していたし、実質的に否定してるんですから。あの洞察力はものすごい。

●森　時おり浄土真宗のお寺に呼ばれます。京都の本山でお坊さんとふたりで歩きながら、「もしいま親鸞がタイムスリップして現世に来てこの本殿を見たら何て言うでしょうか」と訊いたら、「まず寺を焼けって言うでしょうね」って冷静に答えてくれました。確かにそうですね。教団や組織を親鸞はあれほどに否定しているのだから。

もちろんそれを真宗の坊さんたちは知っています。だからこそ彼らはずっと、宗祖に対しての「負い目」を持っている。これは浄土宗も同じではないかな。宗祖に対してだけではなく、特に浄土真宗は、部落差別やハンセン病患者差別に加担した過去がある。政権にすりよって戦争を聖戦と称して応援した記憶がある。そうした「負い目」を持っているからこそ、現実に対して批判的な眼差しを向けることができる。特に日中戦争以降は、廃仏毀釈や国家神道などの動きに対する焦燥などもあったと思うのですが、国家にすり寄るというよりもほとんど一体化しようとしていました。

●今野　助けるために敵を殺すのだと言って……。

●森　門主が信徒たちに布告した文書が残されています。悪い英米や中国を懲らしめて生まれ変わらせてあげましょう的な内容です。まさしくオウムの「ポアの思想」そのままです。

そうした過去を自覚しているからこそ、彼らは今も安全保障法制や改憲に対して、反対の意思を表明する。

「負い目」は大事です。個人だってそうですね。「負い目」のまったくない男なんてつまらない。薄っぺらです。酒飲んでても、きっとおもしろくないですよ。例えば「日本よ世界に咲き誇れ」みたいなことを、何の葛藤もなく口にできる人たち。やはりここまで来てしまうと、ちょっとどうかと思う。

●今野　「美しい日本」じゃないけど、どこまで底が浅いんだろうなって思っちゃいますよね。

●森　思慮深くて賢い日本人が、そんな浅薄な過ちをするはずがないと本気で思っている。やっぱり絶望が足りない。劣等意識というか、自虐史観でもいいですよ、思いっきり持てばいいと思うんです。

▼「公」の構造

●杉山　個と組織とか、個と集団性とか、個と共同性という対立構造がありますよね。ぼくはこれを考えるとき、吉本隆明さんからのイタダキで、「自己幻想と共同幻想は逆立する」つまり単純化していうと、そもそも原理的に個と共同性は相容れない、なんて考えるわけです。吉本さんは、人間の観念の領域を、三人（以上）の領域（共同幻想）、二人の領域（対幻想）、一人の領域（自己幻想）というように、三つのモデルにして整理したんだと思うのです。その枠組みで考えるとわかりやすいのですが、すると問題がでてきた。「公」と「共同性」は違うのに、さきの枠組みでは同じ「三人の領域」なってしまうのです。たぶん西欧的なところでは、「公」と「共同性」とは、違ったものとしてとらえられていると思います。しかし日本は、公も共同も一緒になっていませんか？

●森　パブリックがないですね。

●杉山　個は、すぐにポーンとでかいものに包摂されちゃう。だから国家論なんかも、国家も社会もごった煮のようになっている。西洋とアジアでは、そもそもの社会の成り立ち方が違うからしかたないかもしれませんが、「公」と「共同性」を分けて考える必要があるんじゃないかと思いつつあるんです。

問題を矮小化させることになるかもしれませんが、たとえばさっき出た、電車の中で化粧する問題。それは「公」だからダメでしょう、という論理になります。「おうち」の中だけで許容されることと、オープンなところ、みんながきちんとして立居振る舞わなきゃいけないところに出るときには、そういうふうに動きなさい、という倫理と論理があってしかるべきです。でもそれが、ぐずぐずになってしまっている。あ、これも「底が抜けた」なのかもしれません。

選挙に行くとか行かないとかいう行動も、「公」の行動と考えると、いろいろ考えが広がっていきそうです。

●森　山本七平の言うところの「空気」でしょうね。(日本の)パブリックはフォーラムじゃないわけです。しっかりと毅然としたものではなくて、なんとなく融通無碍。こうした空気を醸成する要素の一つとして、日本の場合はやっぱり宗教観、いわゆる八百よろずの神々。つまり神道の影響が大きいと思います。

神道は日本の近代化の過程で国家と一体化した時期もありました。そもそも天皇制の存立基盤です。自民党の議員や日本会議のメンバーだけではなく、多くの日本人の意識の奥底に、神道的な世界観はしっかりと組み込まれている。日本独自の差別構造である部落差別問題も、根っこは神道の〝けがれ〟思想です。靖国問題も、あれがもし神社でなければ、これほどに混迷しなかったような気がします。言ってみれば日本の近代化は、神道を取り込むか、包摂するか、もしくは神道を排除するか、という繰返しでもありました。

▼退位したいのに……

●森　今は天皇の退位問題が大きな争点ですが、ふつう考えれば、古希を過ぎて米寿も決して遠くない男性が引退したいと言ってるのに、それを認めないってありえないです。

●杉山　それこそ「公」だけの存在ということで、基本的な人権は保障されていないんですよ、きっと。

●今野　でも「させない」ってことに対する国民的な反感は、これからもっともっと露出するんじゃないかという感じはしますね。

●森　国民の八割くらいは「本人が言っているのだから、皇室典範を変えて認めればいいじゃないか」という意見だと思うけれど。

●今野　今の天皇に、個人的に優れた民主主義者の一面があるということについては、みんなに伝わっているはずです。下手な民主主義者より民主主義の神髄について考えているといってもいいと思います。愛する親父のことを恥じて、やっぱりあの人は間違っていたと思っているところもあるのでしょう。

●森　今上天皇が生前退位を言い出した背景のひとつは、敗戦後に退位すらしなかった父親についての葛藤があるのでは、という気がします。

●杉山　責任を取らないといけないと思っているんでしょうね。

●**森**　もしも筋金入りの民主主義者であるならば、天皇制に対しての意識が複雑であることは当たり前です。
●**杉山**　有識者の人たちは、本音ではすごく困惑しているんでしょうね。
●**森**　あまり敬意は感じられないですね。摂政や上皇のようなシステムは権力が二重構造になるから反対であると主張する人がいたけれど、政治的発言は封じながらよく言うよ、と天皇自身は思っているかもしれない。
●**今野**　人間なんだから、本当はやめる権利は無条件ですよ。嫌がっているのだから、こういう時こそ忖度してあげないと。
●**杉山**　人格がないし、基本的な人権がないから、回りで決めるという理屈でしょ。やっぱり「人間」じゃないんですよ。
●**森**　人間宣言してるのに。
●**杉山**　でも、どう考えても人間扱いしていない。
●**森**　ハトは平和の象徴です。なぜならこの二つは異質だから。ハトがカラスの象徴にはなりえません。つまり天皇が国民統合の象徴であるとのレトリックを完成させるためには、天皇を人間とは異質なものにしなくてはならない。現人神なら象徴になりえたけれど、戦後天皇制が始まると同時に人間宣言が行なわれた。根本的に捩じれています。無理があるんです。そのジレンマを、二人の天皇はじっと引き受けてきた。

●杉山　今の天皇は、真正のリベラリストですよね。
●森　美智子さんの影響力が大きいと聞いたことはあります。
●杉山　だってあの環境で耐え忍んで、自分のポジションを守ってきたわけですものね。
●森　五日市憲法についてのコメントも素晴らしかった。このあいだ、ご夫妻はプライベートで長野の満蒙開拓平和記念館を訪ねて、引揚者たちの話を聞いています。
●今野　目のつけどころが、すごいな。
●森　「こういう歴史があったことを、経験がない人たちに伝えることが大切だと思います。そういうことを経て今の日本が作られたわけですから」と引揚者に言葉をかけたそうだけど、自分たちが動くことで、多くの人が忘れかけている史実に再び光を当てようとの意識があるような気がします。
二〇一四年にはやはりプライベートで、佐野市の郷土博物館を訪ねて田中正造の直訴状を読んでいます。考えたらこれ、大変なことですよね。明治天皇宛に書かれた直訴状は、結局は明治・大正・昭和と、歴代の天皇は公式には誰も読んでいないことになっている。その場で天皇にカメラとマイクを向けて、今のこの時期に直訴状を読んだことに何らかの意味はあるのでしょうかと質問したいです。
●今野　ただ者じゃない。いま満蒙開拓団や田中正造の直訴状に強い関心を持つなんて、筋金入りですよね。天皇は「憲法上、ある意味では、皇族はロボットであっていいと思うが、ロボットであってもならないと思う。そこがむずかしい」と言ったことがあるらしいのですが（昭和四十四年の発言、『天皇陛下１００の言葉』宝島社参照）、そこに見えるまさに人間的な迷いが、まずこの国には必要なんじゃないですか。

●森　この国には、きわめて強固な責任回避の構造がある。自分たちの負の歴史から目を逸らす傾向も強い。そのシンボリックな例が昭和天皇の戦争責任であるならば、その意味を今の天皇はずっと考え続けてきたのかもしれない。立ち振る舞いの一つひとつが、そんな思いを喚起します。

▼ルールを守ることについて

●今野　日本は同調圧力が強い半面で、基本的に、みんなが決めたルールを破ることに対する禁忌意識が薄いところもあります。ただのルールじゃないかっていう意識が強いと思う。いま思い出すのは、中学のときの友だちに、「規則はなんのためにあると思うか」と聞かれて、「破るためにある」と答えた友人がいたことです。そう言うのがかっこいいと思っているようでした。十四、五歳だから、まだ子どもですが、彼の周りにはそういう意識を持った大人もたくさんいたんだと思います。「規則は破るためにある」と言ってかっこいいのは、人権の認められない奴隷だけなのに。

つまり、よく言えば、決まり事なんてお上の決めた決まり事でしかないという意識が、この国にはまだあると思うんです。本当は、ルールはみんなで考えて、合意して、苦労の上に生み出してきた民主主義の賜物でしょ。要するにただの命令ではなくて、フィクションという一面があるとはいえ、「個」である自分も参加した確かなプロセスがあるわけですよね。その自分を含むプロセスがあるということについての意識の大切さを、日本人はうまく教えられていない。

●杉山　微妙なことですが、法律というときと、ルールとか、みんな決め事、規則とかは、ちょっと違っているのではないかと思います。法律には権力の後ろ盾があるわけですから、守らないと罰せられるから守るという側面もある。また「悪法も法なり、法律だから守らなきゃいけない」という論理もあります。この法律を守るというレベルについては、日本人はそれを守る意識はむしろ高いのではないでしょうか。「コンプライアンス問題」なんかについてはすごくうるさいですし。

●森　日本人は礼節を重んじて、ルールもよく守ると言われます。例えば東日本大震災の際にも、世界が日本人の礼儀正しさを称賛したとの言説が溢れました。でもレベッカ・ソルニットは多くの被災地を訪ね、不慮の事故や災害に直面したときパニックに陥って利己的になるという一般的なイメージは実は正しくなく、世界中どこでも、災害の後は誰もが利他的になって他者に思いやりを示すようになると、『災害ユートピア』（亜紀書房）で主張しています。日本だけじゃないんです。つまり集団化が起きるからです。でも日本人の場合、人が見ていないとごみを捨てたりとか平気でやっちゃう。要するに守らなければいけない規範が何に帰属しているかというのを意識していない。たぶん欧米の場合はパブリック、もしくは神との関係かもしれない。全員の合意のもとになされた契約といってもいいのかな。でも日本の場合はそれがない。

●**杉山**　個と個の契約とか、ちょっとした決まり事とか、その場での決まり事みたいなものはとても重要だと思うんです。それはパブリックなんだけれど、問題なのは、一度ルールが制度化されると、その内実は問われず、「ルールだから守れ」にすぐ転化してしまうことです。規則がいわば物神化され、規則だから絶対、守らなかったらダメ、粛清というような話にもなってくる。そういう問題もあると思います。

一方で、「公」の部分の力をもっとアップしておかないとやっぱりダメなんじゃないかなとも思います。「公」を成り立たせているのは「個」の力でしょう。極論すると、ルールを守るか守らないか決めるのは「個」なんです。「共同性」の規範は初めから決まっていて、権力も守れと強制する。それを守らなかったら罰せられるわけですね。だから「共同性」の中に取り込まれてしまうと、どうしてもそういうふうになってしまう。「共同性」とは違ったレベルでルールを考えられないか、と思ったりするわけです。

▼無責任感覚

●**森**　補助線として、戦場という極限状況で兵士がどう振る舞うかを考えてみます。みすず書房から刊行された『動くものはすべて殺せ――アメリカ兵はベトナムで何をしたか』（ニック・タース著、布施由紀子訳）は、副題どおりの内容ですが、米兵の残虐さの実例は「ソンミ村」だけではなく、ベトナム戦争時にはいたるところで行なわれていたことを、著者であるニック・タースは軍や裁判の資料から解明しています。むしろ「ソンミ村」があまりに大きくフォーカスされて反戦運動と結びついたことで、軍や政権に他の事件を隠ぺいしようとの力学が働いたようです。とにかく読むことが嫌になるくらいのすさまじい掠奪、殺戮、レイプに、ベトナムで米兵たちは埋没していた。その理由の一つはボディカウントと呼ばれたベトナム兵士の死体のノルマです。でもその結果として、米兵たちはみな壊れてしまう。国へ帰っても社会復帰できない。あの時代のアメリカの映画の多くは、例えば『タクシードライバー』とか『帰郷』とか『ディアハンター』とか、社会に復帰できない元兵士たちの苦悩がテーマです。

戦争は兵士を身体的に傷つけ、そして意識を壊す。イラク戦争でも大きな問題になりました。だからこそアメリカは、人を傷つける実感がないままに人を殺せるドローン兵器などの開発に熱心です。ところが、日本人は意外と壊れないんです。大陸で中国人をたくさん殺戮してきた元皇軍兵士たちの多くは、葛藤などがないままに戦後社会の一員となっている。

この違いはなんだろうってずっと考えています。その理由の一つは、日本人が集団と親和性が高いことですね。つまり滅私奉公です。私を滅して軍に奉公する。その度合いが強いからこそ、戦場ではありえないことをしてしまう。そして壊れない。負い目を引きずらない。一人称単数の実感を失くしていますから。だから反省しない。絶望などするはずがない。こうして同じ過ちをくりかえす。

●今野　さっきの話に出た『リーベンクイズ（日本鬼子）日中15年戦争・元皇軍兵士の告白』という ドキュメンタリー映画ですけど、ぼくは森さんに教えてもらって観たんですが、実際に観るまでは、その中で語る日本人の元兵士たちは、それまで喋れないままできた自分の過去の悪行についての心理的な葛藤をなんとか乗り越えて、まるで懺悔でもするように苦しい告白をするのだろうと単純に思っていました。でも、どうもそうとは思えない人が、いるんです。ペラペラと、日常空間そのままに、人によっては得意そうに喋る人までいる。あれは不思議でした。

ああいう言い方、反省の仕方をされてしまうと、ただ唖然としてしまって、語られている内容がしっかり伝わってこないという感じがします。証言自体は貴重なものであることは言うまでもありませんが、自分の犯した罪や、その告白の重大さについては、気づいていないとしか思えない。あれでは、語ることによって日常が変わるなんてことは起こらないのでは、と思いました。そして、それこそが日本人のリアリティなのかもしれないと。こちらの洞察力が甘いだけなのかもしれないけれど。

●森　たぶん今野さんが言及されたシーンは、年老いたかつての兵士が、村を襲撃したことを回想する場面ではないですか。兵士たちは村を襲って食料などを略奪した。村人はほとんど逃げていなかったけれど、一軒の家に妊婦が隠れていた。兵士たちは順番にレイプして、彼女の髪の毛を摑んで村の真ん中の井戸に投げ込んだ。幼い子どもが「マンマ」って泣き叫びながら井戸のまわりを走り回っているから、それも井戸の中に落としてから、手りゅう弾のピンを抜いて投げ込んだ。こうした自らの体験を、ぼくは自宅の縁側のような場所だったと記憶しているのだけど、カメラの前で淡々と話すわけです。その横に幼い孫がいる。話し終えてから元兵士は、そういえばあのときに殺した子どもはちょうどこの子と同じくらいの年でしたねって、今さらのようにびっくりしている。つまり言葉にすることで、体験が初めて実体化できたのでしょう。それまでは記憶の底に閉じ込めていた。だから淡々と語ることができる。

●今野　そのとき、「親を殺した後に小さな娘をそのまま放ってはおけないでしょう」というようなことを、その老人が言ったんじゃなかったかな。だから、子どもも続けて殺し、井戸に放り込んでやったんだと……。対象化はしたとしても、総じて悪いとは思っていない印象があるんです、告白の問題以前にね。本当は深いところに罪の意識を隠し持っていて、あの場に至っても隠したのかもしれません、「語る」と言うより「騙《かた》る」ことによってね。そうだとしたら、法然じゃありませんが、まだ救われるんだろうけど。

●森　確かに自分の孫を見た瞬間に、戸惑うようなニュアンスがありましたね。ナチスやクメール・ルージュ、あるいは文革時やスターリンの大粛清などにもつながりますが、やはり一人称単数の主語を失っているのだと思う。兵士たちは「私」や「俺」じゃない。皇軍兵士です。主語は「神国日本」や「我が軍」であり、罪の意識がない。ナチスのアイヒマンはエルサレムの法廷でホロコーストに加担した理由を、「命令されたから」と繰り返しました。トゥール・スレン強制収容所長で二万人近くを虐殺したドッチは、クメール・ルージュ内で自分の序列は低いから判断の権限などなかったと無罪を主張しました。でも高官たちは虐殺せよなどと命じていないと証言した。そんな事例はいくらでもあります。

●今野　そのレベルで市民的なモラルなどの大切さを語る人は、世の中に満ちていますよ。特に組織の構成員にそういうことを言う連中が多い。いまの会社員には相当のストレスがありますから、そういうことを言って会社に反対しておいて、上司や部下の悪口も言い、ときには自分の悪口まで言って、本当の自分を覆い隠すというか。でも、そういう人たちが最終的な局面で実際にどういう選択をするのかというと、もちろん人によりますけど、たいがいは組織の慣例に従って、お上の仰る通りにという選択をするわけですよね。つまり、建前では「個」を装っておいて、結局は集団の同調圧力に屈するという、無駄にアクロバティックな芸当を演じているわけです。また絶望が絡んだ話になるので、ここらで反対の話もしておくと、今、それに対して、一人とか二人でやる小さな会社や出版社がどんどん増えてる印象があるでしょう。あれはわりと希望の道かもしれない。

▼明らかな「希望」の例もある

●森　いまはさすがに多少は下火になったようだけど、数年前の出版界は、日本や日本人の礼讃ブームでした。テレビも同じ。極めつけは百田尚樹と安倍晋三が対談した『日本よ、世界の真ん中で咲き誇れ』。このタイトルからは、決して冗談ではなく狂気を感じます。

ただし希望的な部分を挙げれば、メディアが微かに、本当に微かではあるけれど、こうした事態の進行への反動が起きているということ。たとえば二年前、日本テレビが南京虐殺をNNNドキュメントで取り上げました。ディレクターは清水潔さん。南京攻略に参加した兵士たちの日記などを集めながら、日本軍による中国人捕虜への大規模な虐殺があったことを立証しています。

もちろん数はわかりません。僕は中国が主張する三十万人はさすがに多すぎると思うけれど、十五万人以上は虐殺されたと思います。他に熊本放送も、井上啓子ディレクターが中国の行軍に参加した祖父の日記を題材にしながら、日本兵が大陸で何をしたかの検証に迫っている。

体験した戦争を語れる人が少なくなっているからこそ、どうやって次世代に戦争を伝えるかが問われています。これまでは広島・長崎や東京大空襲など、日本の被害性ばかりに目を向けてきたけれど、加害性についてはまだ相当に未開拓なのだ、と気がついた。

いろいろ批判されているけれど、NHKも今、特に現場は頑張っています。追いつめられたからこそ、窮鼠として猫を咬み始めるなら、決して遅くはないはずです。

●今野 それは明らかな希望ですよね。特に若い人たち。現場の人たちがそういう意識があるっていうのは。

●森 南京のドキュメンタリーは、テレビ朝日やTBSのオンエアではなく、保守の牙城と思われている日テレの制作です。あるいは話題になった『日本会議の研究』（菅野完）は、フジサンケイグループの扶桑社です。グループや会社を超えて、少し大袈裟に言えば、個人が屹立し始めている。

●**今野**　その日テレではありませんが、ぼくはテレ朝の「羽鳥モーニングショー」をわりに観ているんです。さっき森さんが批判した築地の問題などについては追及の急先鋒という感じがあって、番組全体の方向性に関しては、上層部に未来の小池首相をにらんだ何かの意図があるのかなどと、邪推の疑問符をつけながら観ているところもあるのですが、現場の個々の取材力には突貫小僧的な記者個人の力を感じて、かなり頼もしいです。まるで『文春』のフリーの取材記者を彷彿とさせるような、ある種ゲリラ的なパワーがあると感じます。これはいい意味で言っているんですが（笑）。青木理さんをはじめコメンテーターの人選の一部にも、よく言えば「ゆるさ」があって、あの空気が多少の曲折を経てでも、森さんの言う日テレ的な「浮上の兆し」につながっていくといいなと思います。そう楽観していていいのかなとは思うけれども。

ちなみに、小池百合子さんには「都民ファースト」はいいとして、間違っても「ジャパン・ファースト」とは言わないでほしいし、言っても「国民ファースト」止まりにしてもらいたいと思います。それも政府より国民優先という意味合いで使うなら、という条件をつけて。

やくざの映画については、観客としては言いたいことがけっこうあるんですけど、ともかくああいう傾向が目につき出したのは文句なしにいいことですよね……。

▼「アポトーシス」的役割？

●**今野**　日本という国については、変な言い方だけれど、時間がかかっても、その結果、多少貧しくなってもいいから、当面は世界、とくにアジアの人たちから、宮澤賢治のことばで言えば、「ホメラレモセズ　クニモサレズ」という境地を目ざすていどが身の丈に合っていると思う。その第一歩は、戦争の犯罪を、つまり自分たちが実際にやったことに、口先の詭弁を弄してオレたちは関係ないよとは言わないことから始まるんじゃないでしょうか。自分の肉親や親しい人たちが沈黙したままだったことに対しても、遅くはないから、戦後世代のぼくたちが中心になって、彼らに成り代わって何か言うべきことを見つけ出さないと。これも古くて恐縮ですが、「戦争を知らない子供たち」のような、いまだに続く傍観者的ノリの延長線上からは永遠に見えてこない何かを、戦後に生まれた人間の一人として今からでもいいから探し出さなくちゃいけない（「戦争を知らない子供たち」：一九七〇年に発表のジローズのヒット曲。作詞は元ザ・フォーク・クルセダーズの北山修、作曲は杉田二郎。ジローズはこの年の第13回日本レコード大賞新人賞を、北山修は作詞賞を受賞した）。

●**森**　被害があるなら加害もある。当然ですね。これはコインの裏表です。被害者が百人いるなら、論理的には加害者も百人いるわけです。悪と加害者はイコールではない。被害者と善もイコールではない。そしてすべての人には悪と善がある。だから自分も含めてすべての人は、加害者にもなるし被害者にもなる。ここに業縁という言葉を代入すれば、きわめて法然的で親鸞的な発想になります。

でも多くの人は、自分や自分の身内が被害者になることは想像できても、加害者になることは想像できない。断絶しています。だからこそ外在的な悪が肥大し、内在的な悪が縮小する。さらにメディアは社会の欲求に応えて、説明不可能なモンスターに加害者を造形する。

戦後日本の歩みを見ていると、特異性がとても目につきます。世界で唯一の被爆国。でも驚異的な経済成長で世界第二位の経済大国に復活する。さらに世界で初めて公式認定された公害である水俣病。そしてオウム真理教の地下鉄サリン事件は、政治目的が不可欠であるテロとして定義できるかどうかはともかく、初めて都市部でサリンガスが使われた事件です。

そして福島第一原発。世界で最も歴史が長い王朝と言われる天皇制も含めて、やはり特異な国だと思います。

●今野　しかも、戦後は原発を落とした国に従属して、なんら恥じないままですね。むしろアメリカ大好きみたいな国民性を養ってやってきた。五〇、六〇年代に子どもだった世代の「からだ」には、多かれすくなかれ「アメリカ」が刷り込まれています。ぼくのかつてのオリンピック好きも、そこと結びついていたと感じます。ところが、これからはトランプが出現して、アメリカが他人だったんだという当たり前のことが、今さらのように露出してくる時代なんでしょう。だから、表向き「ボーダーレス」で育った比較的若い世代と、そこから漏れ出そうな人たちと、「からだ」にアメリカが宿った古いぼくらのような世代がどう折り合っていくか、それが今後のこの国の大事な課題になると思います。上手くいく保証はどこにもないことは、安全保障と同じですけどね。

●森　なぜこれほどに特異なのか。最近書いた小説『チャンキ』では、「アポトーシス」（外的要因によらない細胞の死）に着眼しました。みずからを滅ぼすことで周囲に貢献する。日本はそんな定めの国ではないのかって、……まあかなり諧謔的なアイロニーですけれど、反面教師のような役割の国だとの前提を置きました。

もちろん小説ですから絵空事です。実際に亡んでしまったら困る。だから最悪の事態に直面する前に、とにかく絶望すべきです。国に対してではなく自分に。

▼愛国的でもない

●今野　ちょっと観点が変わりますけど、ちらっと思ったことの一つに、いまの日本を動かしてる連中、政治家だけじゃなく経済界でも、たとえば四十、五十歳代で、金融機関で金を動かしグローバリゼーションで儲けているような連中、そういう連中が支配層には多くいるんだろうけど、森さんが言ったみたいに、仮に日本が「滅亡して世界に貢献」するとき、金を持っている人たちはどうするかというと、平気で日本から離れて、バイバイって衒いなく呟いて、いなくなるような気がする。安倍さんも煎じ詰めれば実はそうなんじゃないかと、ぼくは秘かに思っているんですけど。

そういう連中ばかりが権力の上部にいる一方で、格差社会で虐げられている若者や老人は、滅亡しようが何だろうが、もうこの国という舟に乗り続けるほかないわけですよ。つまり支配層は愛国的ではない。政治的なナショナリストではあるかもしれないけれど、パトリオットではない。乱暴なことを言うと、そもそも六四年のオリンピックあたりを手始めに、国土を時間をかけてめちゃめちゃにしてきて、もうパトリオットになるための愛すべき故郷なんて、少なくとも都会にはほとんどないようなものですからね。参勤交代があった昔の大名の子息みたいな、東京生まれで東京育ちの二世議員である安倍晋三は、得意げに長州自慢を繰り返し、プーチンを呼んでみたりして盛んに利用してるけれども、あれだって「からだ」の記憶が薄い、薄っぺらで広告代理店的なやり方に過ぎないと思う。ああいう持つべき葛藤も持っていないような人が一国のトップにいるなんて、ちょっと前のイタリアにベルルスコーニという人がいたけれど、今は世界的に見てもあまりないんじゃないですか。

トランプだって、彼なりの「からだ」があると思う。それに、アメリカの権力を監視する力はもともと桁が違いますから、日本のマスコミが呑気に盛り上がって他国の悪口を言っているうちに、彼が少しずつ変わる可能性だってある。現に、ＬＧＢＴ（性的少数者）の権利を制限する何らかの大統領令を、娘のイバンカと夫のクシュナー（大統領特別顧問）の反対で取り下げたという話があるようですし。その圧力と傾向が、デモであれ、キャンペーンであれ、強まりこそすれ弱体化はしないという予測だって成り立つんじゃないかと思います。

日本でも昔はまだ、保守や右翼を名乗る人は、少なくても葛藤があって愛国的ではあったじゃないですか。「親米愛国」という悲しいスローガンを言わざるを得なかった赤尾敏なんて、いまになってよく考えてみると、けっこう文学的にもビンビンくるようなことを言っている。

●森　時おり筋が通ってることを言ってました。

●今野　だから、「こいつは嘘は言っていない」というレベルでの共感はしたわけです。三島由紀夫にもそれはありましたけども。
でもいまは、ヘイトスピーチでしょ。昔の右翼とヘイトスピーチは同じように思われているかもしれないですけど、いまのあの連中は、支配層の上層部が愛国的ですらないということさえわかっていない。外に向かって悪口を言って、欲求不満を解消しようとしてるだけです。それはやっぱり、日本が本当に自分の過去を反省してこなかったことの反映としか思えないんですよね。わかっていたら、逆の意味で涙が出そうになる、あんなおぞましいヘイトスピーチができるわけないです。

●森　一年くらい前ですが、〝ハーケンクロイツ〟のマントを背中につけた男が在特会のデモに現れました。YouTube でその映像を見ることができる。ネットは国境を超えますから、世界がこのハーケンクロイツを目撃する。でも映像をよく見たら、ハーケンクロイツではなく卍なんです。

●今野　お寺ですね（笑）。わかってやっているのかな。

●森　どうなんだろう。でも仮にそうだとしたら、今度はやる意味がわからない。アイロニーの意味もないし。たぶん無自覚だと思います。

ハーケンクロイツが何を意味するのか。世界の多くの人はどのように受け取るのか、その発想がまったくないうえに、そもそも記号を知らない。二重三重に恥ずかしいです。

いま今野さんが反省しなきゃって言ったけど、反省するためにはその反省する材料がなきゃいけない。その材料を、たぶん彼らは得ていないんです。誰かがそれはお寺だよと指摘しなければいけないのに、YouTubeでは周囲の男や女たちもまったく気づいていなかった。人は環境に馴致します。特に集団化が進めば進むほど、周囲への適応が激しくなる。

メディアがもし変わってくれれば、それは大きな起爆剤になります。でもそれは容易ではない。杉山さんがさかんに「希望」とおっしゃっているから半分無理やり言ってるんだけど、でも本音でもある。メディアがいま変わりつつある。そう思いたい。二〇二〇年まであと数年ですから。メディアがもしも変わったら、社会の変化は意外と早いです。

▼ナイトスキップ

●今野　オリンピックの話に戻すと、今度のオリンピックがきっかけになって、東京の国立競技場を新しくしようと、まわりにあった昔ながらの住居とかアパートとかが、全部撤去されましたよね。それに対して、五、六人のグループが、声の大きな反対運動は性にあわない、自分たちはそういう運動には馴染まないからということで、そのまわりで〝ナイトスキップ〟というものをはじめたんです。ある女性舞踏家が呼びかけたんですが、たとえば今日は千駄ヶ谷、次は渋谷のどこどこと言って、仕事を終えて夜になると、集まってきてスキップをする。そういう「ナイトスキップ」をやろうというたくらみごとがあって、実際にやってるんですよ。もう二年くらい、いやそれ以上続いているのかな。うちの妻も、面白いと言って、舞踏など知らない全くの素人なのに、ちゃっかり参加しているんですけど。

そうすると、千駄ヶ谷なんかでは、競技場だけではなく、工事でつぶされていく家屋や家庭なんかを、たぶん自分の「からだ」で感じざるをえないわけです。別に反対するために見てみようとか、そういうつもりはなくても、ただ現場に行ってスキップしてくるだけでね。行くところが渋谷だったりすると、たとえば渋谷の公園あたりには、一年くらい前まではホームレスの人の寝る場所があった。ところが今年（二〇一六年）になってからそれらを排除するぞって言われて、その排除されるだろうホームレスの人の中からも、スキップってなんか懐かしいなって言って、人を介して参加するようなことがあったらしい。妻が長年行きつけの、ぼくも知っているかなりご年配の歯医者さんが、病院の同じ年配のスタッフを連れて参加したこともあったようです。そのスキップに妙な愛嬌があって、爆笑ものだったらしいですけど（笑）。そういうふうに、スキップして理屈抜きで歩き回ってみようという、それだけの話なんですけどね。

●森　疲れそうです。すごい運動量でしょうね。
●今野　なにせ舞踏家がリーダーですから。でも面白いらしいんです、妻が言うのを聞くと。
●森　ちょっと異様な集団ですね。スキップしてみんなで移動してるわけ？　遠目には怖いかも。
●今野　夜七時くらいに集まって、まず準備体操らしいですけど、たぶん整列なんてしてないですよ、集まりたい奴だけが勝手に集まってやってるわけだから。
●森　奥さんが……。
●今野　呼びかけた舞踏家と縁があって。でも、子どもに返ったみたいで、ほんとに楽しいと言っています。
●森　ナイトスキップか。
●今野　そのわけのわからない小さな集団に、たとえば仲間でもなんでもない、宮下公園にいるホームレスのおばちゃんとかが入ってきたりする。それも拒まないで、終わった後には持っていったポットのお茶でも飲んで、話をするでもなく話をするって感じで。そういう時間が多少あって、別れるというそれだけのことですけど。千駄ヶ谷では壊されるアパートに居た人に、転居される前に、いろいろな話を聞いたこともあったようです。

　言いたかったのは、そこには、オリンピックによって自分たちの場所が、つまり東京がつぶされていくという擬似的な喪失の感覚が漂っているわけです。考えてみれば本当に壊されているんだから、擬似でも何でもないはずなんだけど、壊れる街が自分の住む町ではないから、どうしても遠慮しがちになる。そこを、とりあえずスキップでほぐしてみようという発想で始めたんじゃないのかな。おかしな言い方になるけど、「故郷を奪われるやり場のない喪失感を、リラックスしながら楽に共体験する会」とでも言ったらいいんじゃないでしょうか。

ぼくは話を聞いて、六四年の東京オリンピックのときに、江藤淳がその喪失感を巡って書いたエッセイを思い出したりしました（六四年十二月の『文藝春秋』に寄せた「幻影の『日本帝国』」のこと。東京の改造工事を目の当たりにした江藤淳は「ああ日本人は今戦争をしているのだな」と感じ、こう書き起こしている。「もし、大多数の人々が、これが一種の戦争であることを暗黙のうちに認めているのでなければ、これほど徹底した生活破壊に、日本人が耐えて行けるはずもなかった」）。江藤によれば、喪失感の裏には戦争の記憶があったわけです。

でも、東京オリンピックをやめさせようということとは別の次元で、そういう喪失感の一端でも理解しようとしても、ナイトスキップに類するようなことで、「からだ」を生き生きと活性化させでもしない限り、いまの人には想像すること自体が難しい。でも、その喪失感は大事だと思うんです。

そういう何の役にも立たないことを面白がりながら世界を認識しようとすることは、おそらくほかにもたくさんあって、そういうことをやっているアーティストは世界中にたくさんいると思うんです。でも、そういう人たちに注ぐ視線が、日本の社会には残念ながらあまりない。ただないのではなくて、まだないいんだと思いたいですけど、やっぱりヨーロッパなんかに行ったら、べルリンだって、パリだって、相応の注目はあるんでしょう。別に前衛的なアートについて云々したいわけじゃなく、本当に大切だという自分の思いを、自分なりのやり方で伝えようという努力が、結果的に何かを伝えてくれることがあるという、そういうことに向ける視線は、けっこう大事なんじゃないかと思うわけです。

●森　視点の転換ですね。さらにいえば、スキップで移動することで、まわりの視点も転換するでしょうし、まわりも化学変化を起こすだろうし、相乗効果ですね。どんどん違うものが……、っていうか、今まで見ていたものの違う面が現われる。それは大事です。

●今野　そういうことがあちこちで起きるような社会だったら、いいのになと思います。

●森　……スキップ、いいかもしれない（笑）。スキップなんか、子ども以来やってないけれど、今度ちょっと試してみようかな。

●今野　スキップができない人もいるから、なお面白い。右手と右足が一緒に動いたりして。

●森　子どものころから、クラスに何人かできない人がいましたよね。

●今野　なかなか大変らしいです。結局、日本って、もっと楽しくやらなくちゃダメなんでしょうね。オリンピックにただ反対する政治活動もいいけれど、それだけじゃもう一つ豊かさに欠けるんで、適度に面白がってやること。たとえば学校で、そういうことを子ども相手にできたら、ちょっといいじゃないですか。そういう努力もいいかなと思う。ただ、安倍さんも教育にはずいぶん情熱をお持ちのようですから、そのあたりの動きには充分に気をつけながら。

あとがき

森さんと知り合ったときの個人的な経緯については、「討議」でさんざん喋ったので、ここでは繰り返さない。一つだけ報告しておきたいのは、前著『竹内敏晴』を上梓した後、もう一度「評伝」の類に挑戦したくなったわたしの念頭にあった名前が、森達也だったということだ。

私は、森さんを偉大なアマチュアと思ってきた。ＴＶドキュメンタリーとして撮った「ミゼットプロレス伝説〜小さな巨人たち〜」（一九九二年）や「職業欄はエスパー」（一九九八年）、「放送禁止歌〜歌っているのは誰？　規制しているのは誰？〜」（一九九九年）といった映像作品はプロの仕事として堪能させてもらったけれど、後の二作品を文字の形に定着した『放送禁止歌』（二〇〇〇年）や『スプーン—超能力者の日常と憂鬱』（二〇〇一年）には、文筆家としての明らかなアマチュア意識が感じられ、その意識がもたらす、ある意味で逆説的な越境感覚に、常人では届くことができない場所に至る、ある荒々しい力があると思ってきたからだ。詩人の片桐ユズルが早くも六〇年代に言っていた名言に「専門家は保守的だ」というものがあるが、私にとっての森さんには、そういったプロフェッショナルの視野狭窄をものともせずに進んでいく、野性味と「優しさ」がほどよく同居した、真の爽快さがあった。

森さんはその独特の力を存分に発揮して、今回の討議の重要な話題の一つになったオウム事件を扱った「A」や「A2」といった映像作品の後も、「戦後の闇」（『下山事件』、二〇〇四年）、「食」（『いのちの食べかた』、二〇〇四年）、「仏教」（『こころをさなき世界のために——親鸞から学ぶ 地球幼年期のメソッド』、二〇〇五年）、「憲法」（『日本国憲法』、二〇〇七年）、「死刑制度」（『死刑 人は人を殺せる でも人は、人を救いたいとも思う』、二〇〇八年）、「近代科学」（『私たちはどこから来て、どこへ行くのか 科学に「いのち」の根源を問う』、二〇一五年）、そして「法然」（本書、二〇一七年）など、脅威のペースで着実に森達也的な視点を拡げている。

こんなことを言っても仕方がないのだが、私にはそういう森さんが眩しい。そして、眩しく感じるその人が、この時代のこの国で、躊躇うことなく「少数異見」を言い続けていてくれることに、言いようのない頼もしさを感じる。この人には「信じる力」があるのだと思う。今の私には「疑う力」があるだけで、残念ながら「信じる力」がない。だが今回の討論は、その「あらまほしき力」で武装を始めるための、格好の機会になったと思う。森さん、そして討議の場を与えてくれた言視舎の杉山尚次さん、どうも有り難うございました。

二〇一七年二月　今野哲男

森達也（もり・たつや）

1956 年、広島県呉市生まれ。映画監督、作家。明治大学情報コミュニケーション学部特任教授 。98 年、オウム真理教の荒木浩を主人公とするドキュメンタリー映画『A』を公開、海外で高い評価を受ける。2001 年、続編『A 2』が、山形国際ドキュメンタリー映画祭で特別賞・市民賞を受賞。著書に、『A』（角川文庫）『A 3』(講談社ノンフィクション賞、集英社インターナショナル)、『放送禁止歌』（光文社／知恵の森文庫）『私たちはどこから来て、どこへ行くのか——科学に「いのち」の根源を問う』（筑摩書房）『「テロに屈するな !」に屈するな』（岩波書店）『チャンキ』(新潮社)『オカルト』(角川文庫)『神さまってなに？』（河出文庫）など多数。

今野哲男（こんの・てつお）

1953 年宮城県生まれ。編集者、ライター。横浜市立大学文理学部中退。78 年竹内敏晴演劇研究所に入所。その後、演劇現場を離れ、月刊『翻訳の世界』編集長を経て 99 年からフリーランスとして活動。現在、上智大学文学部英文科非常勤講師。著書に『言視舎評伝選　竹内敏晴』、インタビューによる書籍に、鷲田清一『教養としての「死」を考える』、吉本隆明『生涯現役』（以上、洋泉社・新書 y)、木村敏『臨床哲学の知——臨床としての精神病理学のために』（近日刊、言視舎）、竹内敏晴『レッスンする人』（藤原書店）などがある。

装丁………山田英春
DTP 制作………勝澤節子
編集協力………田中はるか

※ PART 1 は『法然思想』Vol.1 ～ 5(2015年10月～2016年12月)の掲載稿

希望の国の少数異見
同調圧力に抗する方法論

発行日❖2017 年 3 月 31 日　初版第 1 刷

著者
森達也
企画協力・討議
今野哲男
発行者
杉山尚次
発行所
株式会社言視舎
東京都千代田区富士見 2-2-2 〒 102-0071
電話 03-3234-5997　FAX 03-3234-5957
http://www.s-pn.jp/
印刷・製本
モリモト印刷㈱

ISBN978-4-86565-079-2 C0036

言視舎刊行の関連書

言視舎　評伝選
竹内敏晴

978-4-86565-024-2

「生きること」を「からだ」で追い求めた哲学者の肖像。人と人との真の出会いを求めた「レッスン」する人・竹内敏晴。彼の背に近代人のあるべき孤独を見てきた著者が、満腔の思いをこめて師の生涯を描く書き下ろし評伝。

今野哲男著

四六判並製　定価2900円＋税

言視舎　評伝選
鶴見俊輔

978-4-86565-052-5

これまでの鶴見像を転換させる評伝。没後1年、鶴見思想の何を継承するのか？出自の貴種性を鍵に戦前・戦中・戦後・現代を生きる新たな鶴見像と、「日常性の発見」とプラグマティズムを核にした鶴見思想の内実に迫る評伝決定版。

村瀬学著

四六判並製　定価2800円＋税

飢餓陣営せれくしょん
沖縄からはじめる「新・戦後入門」

978-4-86565-057-0

「沖縄では憲法が機能していないのではないか？」「日本はどこまで主権国家なのか?」この歪んだ事態に向き合うために沖縄現地の声を聴き、「新時代」を導く思想と論理を提示する。加藤典洋ロングインタビューほか。

飢餓陣営・佐藤幹夫編著

A５判並製　定価1600円＋税

起死回生の読書!
信じられる未来の基準

978-4-86565-069-3

「なぜ本を読まなければならないのか」「本が読まれない」ことは業界的問題どころか、文明論的に恐るべき意味をもつ。知識人の役割と責任を取り戻すことは後戻りできない課題だ。「ではどうするか」を簡潔に、具体的に提示する

澤野雅樹著

四六判並製　定価1700円＋税

法然思想 Vol.0～5

「法然の思想」を根本から見直し「後期法然」の革命的言説を明らかにする。梅原猛、加藤典洋、大澤真幸、本郷和人、ほか執筆。

草愚舎・佐々木正編

A５判並製　定価1200～1500円＋税